128편 영화로 배우는
615 실전영어회화

초판 1쇄 발행 2023년 1월 10일
초판 2쇄 발행 2024년 9월 2일

지은이   박신규
발행인   임충배
홍보/마케팅   양경자
편집   김인숙, 왕혜영
디자인   정은진
펴낸곳   도서출판 삼육오(PUB.365)
제작   (주)피앤엠123

출판신고 2014년 4월 3일
등록번호 제406-2014-000035호

경기도 파주시 산남로 183-25
TEL 031-946-3196 / FAX 031-946-3171
홈페이지   www.pub365.co.kr

ISBN 979-11-92431-11-6 13740
ⓒ 2023 박신규 & PUB.365

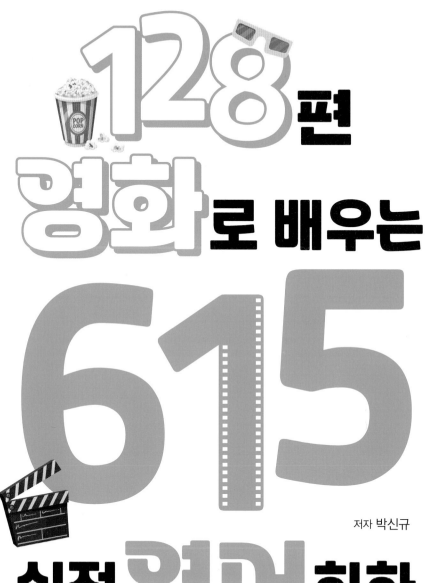

128편 영화로 배우는 615 실전 영어회화

저자 박신규

PUB

들어가는 글

영화를 엄청 좋아하는 영어 강사입니다. 강사 초년 때부터 지금까지 영화와 매일 살아오고 있습니다. 영화가 좋은 이유는 다양하지만 강사로서 보면 네이티브들이 매일 밥 먹듯이 쓰는 표현들을 접할 수 있기 때문입니다. 어떤 자막도 없이 영화를 즐긴다는 것은 정말 쉽지는 않겠지만 그래도 도전할 가치가 있다고 보는데요, 영화 속에 등장하는 배우들의 영어 발음, 억양, 말하는 속도 등이 영화를 시청하는 사람이 마치 자신이 영어를 모국어로 사용하고 있는 나라에 있듯이 상상할 수 있도록 도와주기도 합니다. 이런 이유로 오늘도 영화 바다 속에서 살아가고 있습니다.

영어를 배운다는 것은 창조가 아닌 모방입니다. 네이티브들이 쓰는 표현을 익혀야 합니다. 저도 그렇게 영어를 배우기 시작했습니다. 요즘은 영어 관련 프로그램들이 다양합니다. 오히려 어떤 것을 활용해야 할지 좀 혼란스럽기도 합니다. 저는 확신합니다. 영화만큼 좋은 매개체는 없다고요.

영어를 처음 접하거나 자신이 없는 분들에게는 애니메이션 영화를 추천합니다. 성우들의 발음도 정확하고 표현도 짧고 쉽습니다. 가족들이 모두 즐기는 영화이기에 저속한 표현들이 거의 나오지 않습니다. 영어에 자신 있는 분들에게는 대사가 많은 로맨틱 코미디 장르를 추천합니다. 자신이 관심 가는 영화를 선택해서 먼저 한글자막이나 영어자막의 도움을 받아 전체적인 이야기를 파악해 보고 난 뒤 이번에는 어떤 자막도 없이 영화를 처음부터 끝까지 시청하도록 해보는 것도 좋습니다. 물론 힘들겠지만 이럴 때는 차라리 좋았던 장면을 선택해서 반복해서 보는 것도 괜찮습니다. 영문 자막을 볼 때 모르는 표현이나 어휘가 나오면 노트에 적어둔 뒤 사전이나 인터넷에서 그 의미를 파악하도록 해보세요.

영어강사로서 지금까지 다양한 영화를 접하면서 꼭 한 번은 주제별로 영어 표현과 대사를 정리하고 싶었습니다. 이런 이유로 매일 3~4편의 영화를 봐야만 했고 영화를 보는 도중에 괜찮은 표현이 나오는 장면에서는 표현과 함께 짧은 대사를 노트에 정리하는 게 이제는 습관이 되었네요. '128편 영화로 배우는 615 실전

영어회화'가 바로 제가 집필하고 싶었던 책이었습니다. 오랜 시간이 걸렸지만 큰 보람을 느끼게 만들어 주었습니다.

목차를 보면서 자신이 관심이 가는 주제를 먼저 학습해도 상관없습니다. 전체적으로 대사는 그다지 길지 않습니다. 여기에 나온 영어 표현들은 네이티브들이 매일 사용하는 표현들입니다. 영화를 보다 보면 반복되는 표현들을 자주 접하게 되는데요, 그런 표현들 위주로 집필한 책입니다. 전문적이거나 아주 복잡하고 어려운 표현들은 되도록 배제하려고 했습니다. 단어만 보면 아주 간단하게 느껴지는 표현인데도 뜻이 쉽게 떠오르지 않는 표현들을 자주 접하게 되는데요, 관용구라고 하죠.

영화 속에는 나오는 표현들은 상황에 따라 해석이 달라집니다. 하나의 뜻만 있기도 하지만 어떤 표현은 전혀 예상치 못한 의미로도 사용됩니다. 하나의 영어 표현으로도 이렇게 다양하게 사용할 수 있기도 하죠.

이번 '128편 영화로 배우는 615 실전영어회화'는 '할리우드 생활 영어 3000'과 함께 병행해서 학습할 수 있도록 집필했습니다. '할리우드 생활 영어 3000'이 표현에 집중했다면 '128편 영화로 배우는 615 실전영어회화'는 다양한 표현들을 기반으로 해서 어떤 상황에서 그러한 표현들이 적절하게 사용되는지 영화 쇼츠 영상들을 통해 직접 확인할 수 있도록 만들었습니다. 마치 자신이 영화 속에 나오는 주인공인 것처럼 상상하면서 영어표현을 익힐 수 있도록 집필한 것이 큰 특징입니다.

아무쪼록 '128편 영화로 배우는 615 실전영어회화'가 영어회화 학습에 목말라 있는 분들에게 조금이나 도움이 되었으면 합니다. 영어 강사로서 바람이기도 합니다.

저자 **박신규**

목차

먼저 목차를 둘러보세요.
각 Unit의 상황 주제를 확인할 수 있습니다. 각각의 Unit에서 관심이 가는 SCENE#부터 학습해도 좋습니다. 평소에 궁금했던 표현을 발견한다면 바로 거기서부터 시작해 보세요!

615 실전영어회화는 MP3 파일을 제공합니다! 각 유닛 도입부의 QR코드를 통해 확인해 보세요.

본문에서 SCENE 소개와 상황 주제에 알맞은 영화 속 대사들을 학습해 보세요. QR코드를 찍으면 해당 대사가 담긴 영화 Shorts 영상을 볼 수 있어요. 더 생생하게 보고 듣고 따라 해보세요!

각 문장들의 해설과 전후 맥락을 파악할 수 있는 대사들도 함께 익혀요! 어떤 상황에서 어떻게 쓰일 수 있는지 한 번에 이해할 수 있어요.

별(*) 표시된 단어/숙어 Point도 놓치지 마세요. 사소하고 간단해 보여도 그럴수록 더욱 놓치기 쉬운 법이니까요.

각 상황 문장 학습을 마칠 때마다 등장하는 Review Quiz로 복습하세요. 빈칸에 알맞은 딘어를 채워넣고 쉽게 잊히지 않는 나만의 회화 표현으로 만들어요!

Unit 01

MP3

늘 새로운 사람들과
만나고 있어요!

만남

누군가를 처음 만날 때

● SCENE   살다 보면 다양한 사람들과 만나게 됩니다. 처음 보는 사람에게 반갑게 먼저 인사를 건넬 수도 있고 자신을 소개하기도 하는데요. 동사 meet(만나다)와 introduce(소개하다)로 말해보세요.

영화 [Yesterday] 중에서

001

Nice to meet you.
만나서 반가워요.

해외여행을 하다 보면 다양한 사람들을 만나게 됩니다. 처음 보는 사람에게 인사말로 Nice to meet you.처럼 말하는데요, 의미는 '만나서 반가워요.'입니다. 동사 meet을 처음 만났을 때 사용하죠.

Rocky   Just call me Rocky.
            그냥 로키라 불러주세요.

Ed   Nice to meet you, Rocky.
            만나서 반가워요, 로키.

영화 [Love And Monsters] 중에서

002

Good to meet you.
만나서 반가워요.

소개를 받은 사람과 인사를 나눌 때 Good to meet you.는 '만나서 반가워요.'입니다. 보통 누군가를 처음 만나게 될 때 동사 meet을 사용해요.

Janice   Hi, Joel.
            안녕, 조엘.

Joel   Hey, Janice. Good to meet you.
            안녕하세요, 제니스. 만나서 반가워요.

003

Great to meet you.
만나서 기뻐요.

원래는 It's great to meet you.인데요, 줄여서 Great to meet you. 처럼 말하기도 합니다. 의미는 '만나서 기뻐요.'로 형용사 great 대신 에 보통 nice를 넣어 Nice to meet you.로 표현하기도 하죠.

Ray   Nice to meet you.
만나서 반가워요.

Alex   Great to meet you.
만나서 기뻐요.

004

I'm so pleased to meet you.
만나게 되어서 너무 기뻐요.

뵙고 싶은 사람을 마침내 만나게 되면 기쁜 나머지 한마디 하게 됩니다. 마치 '만나게 되어 서 너무 기뻐요.'처럼 말이죠. 영어로는 I'm so pleased to meet you.로 형용사 pleased는 '기쁜', '즐거운'이에요.

Joel   My name is Joel.
내 이름은 조엘이야.

Mavis   Hello, Joel. I'm so pleased to meet you. My name is Mavis.
안녕하세요, 조엘. 만나게 되어서 너무 기뻐요. 제 이름은 메이비스예요.

005

Who are you?
누구시죠?

알지 못하는 사람을 만나게 될 때, 때론 직설적으로 Who are you? 하고 묻게 되기도 합니다. 의미는 '누구시죠?'입니다.

Miranda   Who are you?
누구니?

Andrea   Uh, my name is Andy Sachs. I *recently **graduated from Northwestern university.
어, 제 이름은 앤디 색스예요. 최근에 노스웨스턴 대학을 졸업했어요.

*recently 최근에 **graduate from ~을 졸업하다

13

006

Have you met Ann?
앤을 만난 적이 있어요?

누군가를 소개할 때 때로는 Have you met+사람? 패턴을 활용할 수 있습니다. 예를 들어 '앤을 만난 적이 있어요?'를 Have you met Ann?처럼 이름만 넣어 표현하면 되죠.

Man   Wade, have you met Ann?
웨이드, 앤을 만난 적이 있습니까?

Wade   Wade McClusky. I fly with your husband.
웨이드 맥클러스키입니다. 당신 남편과 함께 비행합니다.

007

Let me introduce myself.
제 소개를 하겠습니다.

누군가를 처음 만나는 자리에서 때로는 자신을 소개하고 싶을 때가 있는데요. Let me introduce myself.는 '제 소개를 하겠습니다.'로 동사 introduce는 '소개하다'입니다.

Dr. Zara   I hope you're not hurt. Let me introduce myself. I'm Doctor Zara.
안 다치기를 바라. 내 소개를 할게. 난 자라 박사야.

Jin   I know who you are.
당신이 누군지 알아요.

008

I've read a lot about you two.
당신 둘에 대해 많이 읽었어요.

누군가와 처음 대면했을 때 과거에 그 사람들에 대한 기사거리나 얘깃거리를 많이 접했다고 하면 I've read a lot about you two.하고 말하면 '당신 둘에 대해 많이 읽었어요.'의 뜻입니다.

Clayton   Welcome to the Pit, Duke. I've read a lot about you two.
피트에 온 걸 환영하네, 두크. 자네 둘에 대해 많이 읽었어.

Ripcord   Well, you can't believe everything you read.
글쎄요, 읽으신 거 모두 믿지 못할 겁니다.

I've heard so much about you.
당신 얘기 많이 들었어요.

누군가를 소개받거나 처음 만나게 될 때 자신은 예전에 많은 얘기를 들었다고 하며 인사말을 건넬 수 있어요. 영어로 I've heard so much about you.처럼 표현하는데요, '당신 얘기 많이 들었어요.'입니다.

Phineas   Jenny, this is my wife, Charity, and our girls.
제니, 이쪽은 제 부인 채러티이며, 우리 딸들이에요.

Jenny   Of course, and I've *heard so much about you!
물론 그렇겠죠, 네 얘기 많이 들었단다!

*hear so much about ~에 대해 너무 많이 듣다

Review Quiz

001 만나서 반가워요.

_____ to meet you.

002 만나서 기뻐요.

_____ to meet you.

003 누구시죠?

_____ are you?

004 제 소개를 하겠습니다.

Let me _____ myself.

005 당신 얘기 많이 들었어요.

I've heard _____ about you.

001 Nice 002 Great 003 Who 004 introduce 005 so much

만남

처음 만나는 사람과 통성명을 나눌 때

●SCENE 모르는 사람과 인사를 나누게 될 때 궁금해서 물어볼 수 있는 게 바로 이름(name)입니다.
상황에 따라서는 정중하게 말해야 하는데요, 자신의 이름을 밝히고 나서 상대방의 이름을
물어볼 수도 있어요.

영화 [Love And Monsters] 중에서

010

What's your name?
이름이 뭐예요?

이름을 묻는 영어 표현 중에 가장 쉬운 말이 What's your name?입니다. 의미는 '이름이
뭐예요?'로 상황에 따라서는 상대방에게 조금은 퉁명스럽게 들리기도 하죠.

Clyde What's your name?
이름이 뭐야?

Joel Joel, Joel Dawson.
조엘, 조엘 도슨이에요.

영화 [Mad Max : Fury Road] 중에서

011

What do I call you?
뭐라고 부를까요?

처음 만나는 사이라면 먼저 통성명을 나누게 됩니다. 이름도 나누고 직업도 얘기할 수 있
어요. 상대방을 어떻게 불려주면 좋을지 궁금할 때 What do I call you?라고 하면 '뭐라고
부를까요?'의 뜻이에요.

Furiosa Hey, what's your *name? What do I call you?
이봐요, 이름이 뭐예요? 뭐라고 부를까요?

Max Does it **matter?
그게 중요해?

*name 이름 **matter 중요하다

What did you say your name was again?
성함이 뭐라고 하셨죠?

상대방의 이름을 제대로 듣지 못했거나 까먹었을 때 What did you say your name was again?처럼 다시 물어볼 수 있어요. 의미는 '성함이 뭐라고 하셨죠?'입니다.

Kayla What did you say your name was *again?
성함이 뭐라고 하셨죠?

Linda Linda Perrybottom.
린다 페리바텀이에요.

*again 다시

Can I have your name at least?
최소한 이름 정도는 얘기해 줄래요?

대화를 하다보면 상대방의 이름이 궁금해서 Can I have your name at least?처럼 물어보게 되는데요, 숙어로 at least는 '적어도'이므로 '최소한 이름 정도는 얘기해 줄래요?'가 되지요.

Freddie Can I have your name at least?
최소한 이름 정도는 얘기해 줄래요?

Jim It's Jim Hutton.
짐 허튼입니다.

My name is Grace.
제 이름은 그레이스이에요.

자신이 이름을 언급할 때 가장 쉽게 사용되는 패턴이 My name is~인데요, 영어로 My name is Grace.는 '제 이름은 그레이스이에요.'입니다.

Grace My name is Grace. That won't kill it. We gotta go. Move!
내 이름은 그레이스야. 그걸 로는 죽이지 못할 거야. 우리 가야 돼. 움직여!

Dani What?
뭐라고요?

17

You can call me Jerry.
제리라고 불러도 돼요.

처음 만나는 사람과 통성명을 나눌 때 You can call me Jerry.처럼 말하면 그 뜻은 '제리라고 불러도 돼요.'입니다. 조동사 can에는 '능력'외에 '허락'의 뜻이 내포되었어요.

Jerry   You can call me Jerry.
제리라고 불러도 돼요.

Joe   Jerry, okay.
제리, 알겠어요.

You must be Barry.
당신이 배리겠군요.

상대방을 처음 만나지만 그 사람이 어떤 이름을 가진 사람인지 확신할 때 You must be~처럼 말합니다. 영어로 You must be Barry.는 '당신이 배리겠군요.'로 must be는 '~임에 틀림없다'입니다.

Diana   You must be Barry. I'm Diana.
당신이 배리겠군요. 다이애나예요.

Barry   Hi, Barry, I'm Diana. That's not right. Great.
안녕하세요, 배리, 다이애나예요. 그게 아니지. 훌륭해.

Everybody just calls me Big Tony.
모든 사람이 그냥 절 빅 토니라 부릅니다.

주변에 있는 모든 사람들이 자신을 뭐라고 호칭할 때 Everybody just calls me~식으로 말할 수 있어요. 즉 Everybody just calls me Big Tony.는 '모든 사람이 그냥 절 빅 토니라 부릅니다.'가 되지요.

Bert   Bert Cotton.
버트 카튼입니다.

Tony   Tony Hamilton, but everybody just calls me Big Tony.
토니 해밀턴이에요, 하지만 모든 사람이 그냥 절 빅 토니라 부릅니다.

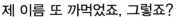

018

You forgot my name again, didn't you?
제 이름 또 까먹었죠, 그렇죠?

남이 자신의 이름을 기억하지 못하는 것 같은 느낌을 들면 확인차원에서 You forgot my name again, didn't you?하고 물어보게 됩니다. 뜻은 '제 이름 또 까먹었죠, 그렇죠?'로 동사 forget는 '잊다', '까먹다'입니다.

Fredrick   You forgot my name again, didn't you?
내 이름 또 까먹었지, 그렇지?

Rayna   No, I didn't.
아니, 안 까먹었어.

Review Quiz

006   이름이 뭐예요?

What's _____ name?

007   성함이 뭐라고 하셨죠?

What did you _____ your name was again?

008   제 이름은 그레이스이에요.

_____ name is Grace.

009   당신이 배리겠군요.

You _____ be Barry.

010   제 이름 또 까먹었죠, 그렇죠?

You _____ my name again, didn't you?

006 your 007 say 008 My 009 must 010 forgot

19

모르는 사람이 자신을 아는 척할 때

● SCENE 길을 가는 도중에 전혀 안면이 없는 사람이 다가와서 자신을 아는 척할 때 보통 '누구시죠?'하고 되묻게 되는데요. 네이티브들은 Do I know you?처럼 말하죠. 이와 비슷한 영어 표현들을 익혀봅니다.

019

Do I know you?
누구시죠?

처음 만나는 사람이 자신을 마치 아는 척 할 때 '누구시죠?'하며 반문하게 됩니다. 영어로는 Do I know you?라고 하죠. 비슷한 표현으로는 Do(Don't) I know you from somewhere?가 있어요.

Victor Thanks, Alfred, but I'll take it from here.
고마워요, 알프레드, 하지만 여기서부터는 제가 맡을게요.

Alfred Uh, do I know you?
어, 누구시죠?

020

Where do I know you from?
우리 어디에서 만났던가요?

전혀 안면이 없다고 느껴지는 사람이 다가와 자신을 아는 척 할 때 '우리 어디에서 만났던가요?'하고 물어볼 수 있어요. 영어로 Where do I know you from?입니다.

Walter Where do I know you from? Oh, my goodness. Director Russell's daughter, yes?
우리 어디에서 만났던 거지? 이런. 소장 러셀의 딸이네, 맞지?

Madison You caused all of this.
당신 때문에 이 모든 일이 일어났던 거죠.

Do I know you from somewhere?
어디서 뵀던가요?

길을 걷다가 모르는 사람이 자신을 아는 체 할 때 '누구시죠?'라고 되묻죠. Who are you? 대신에 Do I know you from somewhere?(어디서 뵀던가요?)라고 해요. Do I know you? 처럼 줄여 말하기도 하죠.

Kyle   Do I know you from somewhere?
          어디서 뵀던가요?

Man   You've walked past me five times since we *took off.
          비행기 이륙 후 다섯 번이나 제 옆을 지나가셨잖아요.

*take off 이륙하다

Have we met before?
우리 전에 만난 적이 있나요?

길을 가다가 안면이 전혀 없는 사람이 자신을 아는 척 할 때 '우리 전에 만난 적이 있나요?'처럼 물어볼 수 있는데요, 영어로는 Have we met before?이라고 합니다. 물론 I'm sorry, but have we met before?라고도 하죠.

Merritt   Hold on, I'm sensing... I'm sensing you are a *control freak.
          잠깐, 감이 오는데... 너 통제광이지.

J. Daniel   I'm sorry, have we met before?
          미안한데, 우리 전에 만난 적이 있어?

*control freak 통제광(만사를 자기 뜻대로 하는 사람)

We've met, haven't we?
우리 만난 적 있었죠, 그렇죠?

과거 어딘가에서 만났던 기억이 날 때 하는 말이 We've met, haven't we?입니다. '우리 만난 적 있었죠, 그렇죠?'로 haven't we? 대신에 right?를 넣어 We've met, right?처럼 표현하기도 합니다.

Rhonda   I'm sorry. I've... You were so great tonight.
          죄송해요. 전... 당신 오늘밤 너무 멋있었어요.

Alex   We've met, haven't we? Right?
          우리 만난 적 있었죠, 그렇죠? 맞죠?

024

I don't know you.
난 당신을 몰라요.

누군가가 자신을 아는 척 할 때 안면이 전혀 없다고 느껴지면 I don't know you.하고 말하기도 하죠. 뜻은 '난 당신을 몰라요.'입니다.

Larry   Teddy, what are you doing? *Stick to the script. It's me!
테디, 왜 그래요? 대본대로 해요. 저예요!

Teddy   I don't know you.
난 당신 몰라.

*stick to ~을 달라붙다, 고수하다

025

I don't even know you.
난 당신을 알지도 못해요.

누군가가 마치 자신을 알고 있는 척 할 때 초면이라면 '난 당신을 알지도 못해요.'하고 대답할 수 있어요. 영어로는 I don't even know you.처럼 말하죠.

Guy   We need to leave *immediately.
우린 즉시 떠나야 해요.

Eep   I don't even know you.
난 당신을 알지도 못해요.

*immediately 즉시, 당장

026

I know who you are.
당신이 누구인지 알아요.

자신은 상대방이 누구인지 평소에 잘 알고 있다고 할 때 하는 말이 I know who you are.입니다. 의미는 '당신이 누구인지 알아요.'이죠.

Larry   I'm Larry Daley. I'm head of the Night Program.
전 래리 데일리예요. 야간 개장 담당자입니다.

Woman   I know who you are. You're the security guard.
당신이 누구인지 알아. 당신 경비원이잖아.

027

I've seen everything that you have ever done.
당신이 한 모든 것을 봤어요.

자신은 오랜 시간 동안 상대방이 취한 모든 행동들을 주의 깊게 다 지켜봐왔다고 할 때 I've seen everything that you have ever done. 처럼 말합니다. 의미는 '당신이 한 모든 것을 봤어요.'입니다.

Jack   No way. J. Daniel Atlas? Dude, I've seen everything that you have ever done. I mean, you're like... I *idolize you. **Seriously.
말도 안 돼. 제이 다니엘 아틀라스? 이봐, 당신이 한 모든 것을 봤어. 내 말은, 당신은 마치... 내 우상이야. 진심이거든.

J. Daniel   From a true fan. It's so nice to meet you.
진짜 팬이네. 만나서 정말 반가워.

*idolize 우상화하다 **seriously 진중하게, 심각하게

Review Quiz

011 누구시죠?

Do I _____ you?

012 어디서 봤던가요?

Do I know you from _____?

013 우리 만난 적 있었죠, 그렇죠?

We've met, _____ we?

014 난 당신을 알지도 못해요.

I don't _____ know you.

015 당신이 한 모든 것을 봤어요.

I've _____ everything that you have ever done.

011 know 012 somewhere 013 haven't 014 even 015 seen

만남

아는 지인을 다시 만날 때

●SCENE 아는 지인을 다시 만나게 될 때 동사 see(만나다)를 사용합니다. 우리는 '만나서 반가워요.'처럼 표현하는데 네이티브들은 It's good to see you.를 Good to see you.식으로 줄여 말하기도 하죠.

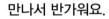

영화 [Ford V Ferrari] 중에서

028

Good to see you.
만나서 반가워요.

원래는 It's nice to see you.인데요. 줄여서 Nice to see you.라고 하죠. 의미는 '만나서 반가워요.'로 형용사 nice 대신에 good를 넣어 Good to see you.처럼 표현하기도 합니다.

Carroll   Good to see you, Roy.
           만나서 반가워요. 로이.

Roy   Welcome to the *madhouse, Shelby.
           정신없는 곳에 온 걸 환영해요, 셀비.

*madhouse 정신없는 곳, 정신 병원

영화 [Terminator : Dark Fate] 중에서

029

Always good to see you.
만나서 늘 반가워요.

아는 지인을 만나게 되면 반갑다고 인사말을 건네게 되는데요, Always good to see you.는 원래 It's always good to see you.의 줄임말로 '만나서 늘 반가워요.'라는 뜻입니다. 대답으로 You too.하면 되죠.

Sarah   Always good to see you, Major.
           만나서 늘 반가워요, 소령님.

Major   It's *never good to see you, Connor.
           만나는 게 결코 좋지 않군요, 코너.

*never 결코 ~않다

It's good to see you.

만나서 반가워요.

오랜만에 아는 지인을 다시 만나게 될 때 '만나서 반가워요.'하고 인사말을 건네게 되는데요, 동사 see를 사용해서 It's good to see you.라고 하죠. 때로는 Good to see you.처럼 줄여 말하기도 합니다.

Raleigh　Tendo. It's good to see you, buddy.
텐도. 만나서 반갑네, 친구.

Tendo　It's good to see you too, brother. It's just like old times.
나 역시 만나서 반가워, 친구. 옛날 기분이 드네.

It's so good to see you.

뵙게 되어서 너무 기뻐요.

오랫동안 연락이 없던 친구나 동료를 만나게 되면 It's so good to see you.처럼 한마디 하게 됩니다. '뵙게 되어서 너무 기뻐요.'로 아는 사람을 다시 만나게 될 때는 동사 see를 사용해야 합니다.

Jack　Can I *give you a hug?
안아도 될까요?

John　What?
네?

Jack　It's so good to see you.
뵙게 되어서 너무 기뻐요.

*give ~ a hug ~을 껴안다

It's great to see you.

만나서 매우 기뻐요.

오랫동안 만남이 없던 지인을 우연히 다시금 만나게 되었을 때 It's great to see you.처럼 말할 수 있는데요, 의미는 '만나서 매우 기뻐요.'입니다.

Sophie　I'm fine, yeah.
잘 지내요.

Sloan　Good, it's great to see you.
잘됐네, 만나서 매우 기뻐.

25

033

It was really nice to see you.
만나서 정말 반가웠어.

오랫동안 알고 지냈던 사람을 우연히 만나고 난 뒤 It was really nice to see you.하고 말하면 '만나서 정말 반가웠어.'의 뜻입니다. 보통 작별을 고할 때 사용하죠. 여기서 be동사는 was처럼 과거시제가 되어야 해요.

Stephanie	Well, you know, it was really nice to see you.
	응, 있잖아, 만나서 정말 반가웠어.
Griffin	Okay.
	알았어.

034

I'm here to see you.
당신 만나러 왔어요.

아는 지인을 다시금 만나고자 할 때 I'm here to see you.처럼 말하면 그 의미는 '당신 만나러 왔어요.'입니다. 여기서 to 동사가 목적의 뜻을 가집니다.

Kevin	I'm here to see you.
	당신 만나러 왔어요.
Jane	Why?
	왜죠?

035

I thought I'd never see you again.
결코 다시는 못 만나는 줄 알았어요.

보고 싶은 사람을 오랜 만에 다시 만나게 될 때 때로는 '결코 다시는 못 만나는 줄 알았어요.'하고 속내를 말하게 되기도 합니다. 영어로는 I thought I'd never see you again.이라고 하죠.

Maurice	I thought I'd never see you again.
	결코 다시는 못 만나는 줄 알았어.
Belle	I *missed you so much!
	아빠가 너무 보고 싶었어요!

*miss 그리워하다, 놓치다

036

How nice to see you!
만나니 무척 반갑네요!

일종의 감탄문으로 How nice to see you!는 '만나니 무척 반갑네요!'
입니다. 의문사 how 다음에 형용사를 넣어 감탄문을 만들 수가 있
어요.

Dominic	Camille. How nice to you see!
	카밀. 만나니 무척 반갑군!
Camille	*Alive, you mean?
	살아 있는 게요?

*alive 살아 있는

Review Quiz

016 만나서 반가워요.

_____ to see you.

017 만나서 반가워요.

It's good to _____ you.

018 만나서 매우 기뻐요.

It's _____ to see you.

019 당신 만나러 왔어요.

I'm _____ to see you.

020 만나니 무척 반갑네요!

How _____ to see you!

016 Good 017 see 018 great 019 here 020 nice

27

만남

아는 지인을 오랜만에 만날 때

• SCENE 오랫동안 연락이 없이 지냈던 친구나 지인을 예상치 못한 곳에서 우연히 만나게 될 때 반갑게 인사말을 건네게 되죠. 때로는 그동안 어떻게 지내고 있었는지 궁금해서 한마디 하게 됩니다.

037

영화 [Night At The Museum : Secret Of The Tomb] 중에서

It's been years.
오랜만이에요.

연락이 한 동안 없던 상황에서 아는 지인을 다시금 만나게 되면 '오 랜만이에요.'하고 반갑게 맞이하게 됩니다. 영어로 It's been years! 처럼 표현하며 비슷한 말로는 It's been a while.이 있어요.

Larry	Hey, Cecil.
	안녕하세요, 세실.
Cecil	My God, it's been years!
	세상에, 오랜만이군!

038

영화 [Dumb And Dumber To] 중에서

Long time, no see.
오랜만이에요.

오랫동안 만남이 없었던 친구나 동료를 우연찮게 다시 만나게 되면 '오랜만이야.', '정말 오랜만이다.'하고 말을 건네게 됩니다. 네이티브 들은 Long time, no see.처럼 표현하죠.

Harry's Dad	Long time, no see. Where have you been? Come! Come on in!
	오랜만이네. 어디 있었던 거니? 어서 들어와!
Harry	Thanks, Dad.
	고마워요, 아빠.

Is it really you?
정말 당신이에요?

전혀 예상치 못한 곳에서 아는 지인을 만나게 되었을 때 놀란 나머지 나도 모르게 '정말 당신이에요?'하고 반문하게 됩니다. 영어로는 Is it really you?처럼 표현해요.

Anna	Is it really you? 정말 언니야?
Elsa	Anna. 안나.
Anna	I *thought I'd lost you. 언니를 잃은 줄 알았어.

*think 생각하다, ~인 것 같다

Look who's here!
이게 누구야!

오랫동안 연락이 없던 지인을 예상치 못한 곳에서 만났을 때 약간 놀란 표정으로 '이게 누구야!'하고 반갑게 맞이하게 되는데요, Look who's here!처럼 말합니다.

| Pete | Look who's here!
이게 누구야! |
| Carl | Hey. You.
이봐. |

Let me look at you!
네 모습이 어떤지 좀 보자!

오랜 만에 만난 친구에게 다가가 Let me look at you!하고 말하면 '네 모습이 이떤시 좀 보자!'로 예전이나 지금이나 모습이 똑같은지 확인하고 싶을 때 사용하는 표현이에요.

| Ludlow | Hi, buddy! Let me look at you!
안녕, 친구! 네 모습이 어떤지 좀 보자! |
| Sam | Hey! Good to see you, my boy!
안녕! 만나서 반가워, 친구야! |

042

This is a surprise.
이거 뜻밖이네요.

전혀 예상하지 않았던 사람이 자신을 찾아 왔을 때 This is a surprise.처럼 말하며 놀라워합니다. 뜻은 '이거 뜻밖이네요.'입니다.

Carroll Mr. Ford, this is a surprise.
포스 사장님. 이거 뜻밖이네요.

Henry Apologies for the *unannounced **intrusion, Mr. Shelby.
예고 없이 찾아와서 미안하오, 셸비.

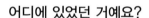

*unannounced 예고 없는 **intrusion 침입, 개입

043

Where have you been?
어디에 있었던 거예요?

평소에 알고 지냈던 지인을 오랜만에 다시 만났을 때 '어디에 있었던 거예요?'하고 반갑게 맞아하며 인사말을 건네게 되는데요, 영어로는 Where have you been?처럼 표현합니다.

Dorothea Where have you been?
어디에 있었던 거죠?

Joe I've been, uh, teaching, middle school band.
중학교 밴드를 가르치고 있었어요.

044

What are you doing here?
여긴 웬일이에요? 여긴 웬일로 왔어요?

아는 지인을 우연찮게 어떤 장소에서 만나게 되면 '여긴 웬일이에요?', '여긴 웬일로 왔어요?'처럼 말하는데요, What are you doing here?라고 합니다.

Bryan What are you doing here? Everything all right?
여긴 웬일이죠? 모든 게 괜찮나요?

Stuart Yeah. It's, it's fine, it's fine.
네. 좋아요, 좋아요.

045

What a pleasant surprise!
이거 뜻밖에 반갑네요!

예상치 못한 곳에서 누군가를 만나게 될 때 What a pleasant surprise!하고 얘기하게 됩니다. 의미는 '이거 뜻밖에 반갑네요!'로 명사 surprise는 '놀람'을 뜻해요.

Belle   Oh! Gaston, what a pleasant surprise!
오! 개스톤, 이거 뜻밖에 반갑네요!

Gaston   Isn't it, though? *I'm just full of surprises.
안 그런가요? 난 놀라운 매력이 있죠.

*be full of ~으로 가득차다

Review Quiz

021   오랜만이에요.

It's been _____.

022   정말 당신이에요?

Is it _____ you?

023   네 모습이 어떤지 좀 보자!

Let me _____ at you!

024   어디에 있었던 거예요?

Where _____ you been?

025   이거 뜻밖에 반갑네요!

What a _____ surprise!

021 years 022 really 023 look 024 have 025 pleasant

만남

초대나 방문에 고마움을 표현할 때

●SCENE 특별한 날이면 친구나 동료들을 자신의 집이나 파티에 초대해 즐거운 시간을 함께 보내게 되는데요, 이럴 때 찾아온 사람들에게 고마움을 표하는 것은 어쩌면 당연한 일입니다.

영화 [Notting Hill] 중에서

046

Thank you for such a terrific time.
멋진 시간을 보냈어요.

누군가와 함께 즐거운 시간을 보냈을 때 감사의 한마디로 Thank you for such a terrific time.처럼 말하게 되는데요, '멋진 시간을 보냈어요.'와 같이 자연스럽게 의역하면 됩니다.

Anna   Thank you for such a terrific time.
           멋진 시간을 보냈어요.

Max   I'm *delighted.
           별 말씀을요.

*delighted 기쁜, 즐거워하는

영화 [Ford V Ferrari] 중에서

047

Thank you for coming.
와줘서 고마워요.

누군가가 자신을 찾아 왔을 때 Thank you for coming.하고 말하게 되는데요, '와줘서 고마워요.'의 뜻입니다. 간단하게 Thanks for coming.처럼 표현할 수도 있어요.

Leo   Thank you for coming.
           와줘서 고마워요.

Carroll   *Say hello to Ken Miles and his son, Peter.
           켄 마일즈와 그의 아들 피터와 인사하세요.

*say hello to ~와 인사하다, ~에게 안부 전하다

048

Thank you for having me.
절 초대해줘서 고맙습니다.

뭔가에 대한 감사 표시를 할 때 Thank you for+명사/동명사. 패턴을 사용하는데요. 동사 have는 '가지다'지만 구어체에서는 '초대하다(=invite)'라는 뜻도 됩니다. 즉 '절 초대해줘서 고맙습니다.'의 의미가 되는 거죠.

Anchor   Danny, welcome.
대니, 환영합니다.

Danny   Thank you for having me.
절 초대해줘서 고맙습니다.

049

Thank you very much for having me on board.
탑승하게 해줘서 정말 고마워요.

비행기나 배에 승선할 수 있게 해줘서 고맙다고 할 때 Thank you very much for having me on board.라고 합니다. 숙어로 on board는 '탑승한', '기내에', '선내에'의 뜻으로 '탑승하게 해줘서 정말 고마워요.'가 되지요.

Maude   Thank you very much for having me on board today.
오늘 탑승하게 해줘서 정말 고마워요.

Reeves   This is Captain Reeves.
대위 리브스야.

050

Good to have you here.
와줘서 기뻐요, 모시게 돼서 기뻐요.

자신을 찾아온 누군가를 반깁게 맞이힐 때 Good to have you here.하고 말해요. It's good to have you here.의 줄임말로 '와줘서 기뻐요.' 또는 '모시게 돼서 기뻐요.'의 뜻입니다.

Peter   Nice to see you.
만나서 반가워요.

Billy   Good to have you here.
와줘서 기뻐.

Good to have you back.
돌아와서 기뻐요.

오랫동안 보고 싶은 친구나 동료 또는 가족들을 다시금 만나게 되면 기쁨 마음을 감출 수가 없게 되죠. 이때 Good to have you back.라고 하면 그 의미는 '돌아와서 기뻐요.'입니다.

Hercules Good to have you back.
돌아와서 기쁘네.

Raleigh Thank you, sir.
고맙습니다.

I'm so glad you're here.
여기 와줘서 너무 기뻐요.

보고 싶었던 사람이 드디어 내 앞에 나타나면 I'm so glad you're here.처럼 말하게 되는데요. 그 의미는 '여기 와줘서 너무 기뻐요.'입니다.

Sophie I'm so glad you're here.
여기 와주셔서 너무 기뻐요.

Rosie Come on, let's *get this show on the road.
어서, 오늘 하루도 시작해 보자.

*get this show on the road (오늘 하루) 시작해 보다

Welcome back.
잘 돌아왔어요.

오랜만에 고향으로 돌아온 사람에게 환영 인사말로 Welcome back.처럼 말하게 됩니다. 뜻은 '잘 돌아왔어요.'입니다.

Cletus Welcome back, Eddie Brock. I've been thinking about you.
잘 돌아왔어, 에디 브록. 자네에 대해 생각하고 있었어.

Eddie What do you want, Cletus? I mean, why am I here?
원하는 게 뭐야, 클리터스? 내 말은, 내가 여기 왜 있지?

*come back 돌아오다

054

Welcome aboard.
환영합니다, 탑승 환영합니다.

비행기를 이용해 해외여행을 하다보면 기내에서 승무원에게 듣는 말이 Welcome aboard.
예요. '탑승 환영합니다.'인데요, 이 말이 신입사원에게는 '입사 환영합니다.'로, 신입회원에
게는 '환영합니다.'의 뜻으로도 사용되죠.

Richmond	Welcome aboard.
	환영합니다.

Prime Minister	*Pleasure is all mine.
	오히려 내가 기쁘네.

*pleasure 즐거움, 기쁨

Review Quiz

026 멋진 시간을 보냈어요.

Thank you for such a _____ time.

027 절 초대해줘서 고맙습니다.

Thank you for _____ me.

028 와줘서 기뻐요, 모시게 돼서 기뻐요.

Good to _____ you here.

029 여기 와줘서 너무 기뻐요.

I'm so _____ you're here.

030 환영합니다, 탑승 환영합니다.

Welcome _____.

026 terrific 027 having 028 have 029 glad 030 aboard

가볍게 안부 인사를 건넬 때

● SCENE 평소에 서로 잘 알고 지내는 사이에서 안부를 물을 때 인사말로 사용하는 표현들이 많습니다.
오늘 하루는 어땠는지, 하는 일은 잘 진행되어 가고 있는지 물어볼 수가 있죠.

055

How are you?
어떻게 지내요?

일반적으로 How are you doing?처럼 How are you?도 상대방에게 안부를 묻고 싶을 때
'어떻게 지내요?'의 뜻으로 사용되는 표현이에요.

Joel   Hey, Aimee! Hi! How are you?
안녕, 에이미! 안녕! 어떻게 지내?

Aimee   Hi. Yeah, I... I'm good.
안녕. 응, 잘 지내.

056

How are you doing?
어떻게 지내요?

안부를 묻는 표현 중에 하나로 How are you doing?은 '어떻게 지내요?'입니다. 네이티브
들이 밥 먹듯이 사용하는 표현이에요.

Joel   How are you doing?
어떻게 지내?

Tim   Yeah, good.
응, 좋아.

057

How's it going?
어떻게 지내요?

안부를 물을 때 How's it going?이라고 합니다. How are you?처럼 사용하는 말이기도 하죠. 여기서 동사 go는 '가다'가 아닌 '진행되다'라는 의미예요.

Rose
What's up?
웬일이야?

Mike
How's it going, man?
어떻게 지내, 친구?

058

What are you up to?
어떻게 지내요? 뭐하려는 거죠?

격이 없이 편안 사이에서 안부로 묻는 말이 What are you up to?(어떻게 지내?)예요. How are you?와 같은 의미를 갖는데요, 때로는 계획하고 있는 일이 뭔지 궁금할 때 '뭐하려는 거죠?'의 뜻으로도 사용됩니다.

Chris
What are you up to?
어떻게 지내요?

Taya
Not a lot. You?
별로요. 당신은요?

059

What have you been up to?
지금까지 어떻게 지냈어요?

안부를 묻는 말이에요. 즉 What have you been up to?는 '지금까지 어떻게 지냈어요?'라는 뜻으로 허물없이 편한 사이에서 많이 사용해요.

J. Daniel
So, *actually, what have you been up to?
그래서, 실은, 지금까지 어떻게 지냈던 거야?

Henley
I think you know **exactly what I've been up to, Danny.
내가 어떻게 지내왔는지 정확히 알고 있잖아, 대니.

*actually 사실은 **exactly 정확하게

37

060

How was school?
학교생활은 어땠어?

학교를 다니는 어린 자녀에게 How was school?처럼 얘기를 꺼낸다면 그 의미는 '학교생활은 어땠어?'입니다. 좋았는지 나빴는지 궁금해서 묻는 말이죠.

Hutch   Hey, buddy. How was school?
          얘야. 학교생활은 어땠어?

Brady   Fine.
          좋았어요.

061

How's the show going?
쇼는 어떻게 진행되고 있어요?

진행하고 있는 쇼나 공연이 어떻게 되어가고 있는지 궁금해서 묻는 말이 How's the show going?입니다. '쇼는 어떻게 진행되고 있어요?'로 동사 go는 '가다'가 아닌 '진행되다'라는 뜻입니다.

Eddie   How's the show going?
          쇼는 어떻게 진행되고 있어?

Buster   Ah, it's *going great.
          아, 잘 진행되고 있어요.

*go great 잘 진행되다

062

Are you having fun?
즐거운 시간 보내고 계시나요?

신나는 파티에서 즐거운 시간을 보내고 있다면 시간 가는 줄 모르게 되죠. 숙어로 have fun은 '즐거운 시간을 보내다'로 Are you having fun?이라고 하면 그 의미는 '즐거운 시간 보내고 계시나요?'입니다.

Karen   Are you having fun?
          즐거운 시간 보내고 있니?

Zach   Yeah, I *guess.
          네, 그런 것 같아요.

*guess 추측하다

063

How is everything back there?
거기 상황은 어때요?

주변에 돌아가는 상황이 어떤지 궁금해서 How's everything back there?하고 물으면 '거기 상황은 어때요?'의 뜻입니다. 답변으로 Not good.은 '좋지 않아요.'가 되죠.

Joel   How is... How is everything back there? Give me the *update.
        거기 상황은 어때? 좀 알려줘.

Ray   Not good. We've had **multiple ***breaches.
        좋지 않아. 다수 침입이 있었어.

*update 갱신, 최신 정보 **multiple 다수의 ***breach 위반, 불화

Review Quiz

031   어떻게 지내요?

How _____ you?

032   어떻게 지내요?

How's it _____?

033   지금까지 어떻게 지냈어요?

What have you been _____ to?

034   쇼는 어떻게 진행되고 있어요?

How's the _____ going?

035   즐거운 시간 보내고 계시나요?

Are you _____ fun?

031 are 032 going 033 up 034 show 035 having

안부

안부 인사에 대한 답변을 할 때

● SCENE 누군가로부터 안부 인사말을 듣게 되면 그때그때 상황에 맞게 답변을 하게 되는데요, 평소처럼 별일 없이 지내고 있다고 얘기하거나 오늘 하루는 좀 힘들었다고 푸념하며 말할 수도 있어요.

영화 [Need For Speed] 중에서

064

I'm good.
잘 지내요, 전 됐습니다.

안부를 묻는 표현 중에 How are you?가 있어요. 답변으로 I'm good.은 '잘 지내요.'의 의미인데요, 때로는 뭔가에 대해 거절의 뜻으로 '전 됐습니다.'도 됩니다.

Pete	How are you?
	어떻게 지내?
Anita	I'm good. How are you?
	잘 지내. 어떻게 지내?

영화 [Those Who Wish Me Dead] 중에서

065

Same old, (same old).
늘 똑같아요.

누군가로부터 How was your day?(오늘 하루 어땠어요?)라는 안부 인사말을 들었을 때 Same old, (same old).처럼 대답하기도 하는데요, '늘 똑같아요.'로 Same old.처럼 줄여 말하기도 합니다.

Allison	Hmm, how was your day?
	음, 오늘 하루 어땠어?
Ethan	Oh, same old.
	오, 늘 똑같이 뭐.

066

Can't complain.
그럭저럭 잘 지내요.

인사 표현이 참 다양합니다. 그 중에서 Can't complain.을 잠깐 살펴 볼게요. 직역하면 '불평할 게 없다.'로 지금 생활에 만족하면서 잘 지내고 있기에 불평할 만한 것이 내 주위에 없는 게 되는 거죠. 즉 '그럭저럭 잘 지내고 있다.'라는 뜻이에요.

Man	How are you doing? 어떻게 지내쇼?
Carl	Can't complain. 그럭저럭 잘 지내요.

067

So far, so good.
아직까지는 괜찮아요.

안부등의 답변입니다. So far, so good.은 '아직까지는 괜찮아요.'라는 뜻이죠. 특별한 일 없이 평소처럼 잘 지낸다고 할 때 유용하게 사용할 수 있어요.

Dr. Crawford	How are the new *arrivals **holding up? 새로운 신참들 어떻게 지내고 있어?
Med Tech	So far, so good. 아직까지는 괜찮습니다.

*arrival 도착, 출현, 신참 **hold up 견디다

068

Not bad.
괜찮아요.

네이티브들이 평소에 자주 사용하는 표현 중에 하나로 Not bad.는 '나쁘지 않은' 즉 '괜찮아요.'라는 의미입니다. 이런 표현이 입이 익숙해 질 때까지 계속 반복 연습해야 하죠.

Brian	How are you *enjoying the **job? 일은 어때?
Jack	Yeah, not bad. Good, thanks. 네, 괜찮아요. 좋아요, 고마워요.

*enjoy 즐기다 **job 일, 직업

41

069

Not good.
좋지 않아요.

안부 인사말의 답변으로 Not good.처럼 표현하면 '좋지 않아요.'입니다. 간단하면서도 자주 사용되는 표현 중에 하나예요.

Wade	How's Lindsey? 린지는 어때?
Man	Not good, sir. 좋지 않습니다.

070

Nothing much.
별일 없어요.

평소 때처럼 특별한 일 없이 잘 지내고 있다고 할 때 Nothing much. 라고 하죠. 이 말은 What's up?이라고 상대가 물어 올 때 대답으로 사용하는 표현이에요.

Rorke	What's up, brother? 잘 지내?
Dave	Nothing much, man. 별일 없습니다.

071

You haven't changed a bit.
변한 게 하나도 없네요.

상대방의 겉모습이나 성격 따위가 예전이나 지금이나 변한 게 하나도 없을 때 You haven't changed a bit.이라고 합니다. 숙어로 a bit 은 '조금', '약간의' 뜻이에요.

Elaine	You haven't *changed **a bit. 당신은 전혀 바뀐 게 없어.
Jarrod	Neither has Terry. You'll ***see. He's the real deal. 테리도 마찬가지야. 알게 될 거야. 그 친구는 진국이거든.

*change 변경하다, 바꾸다 **a bit 조금 ***see 이해하다

It's been a hell of a day.
끔찍한 하루였어요.

오늘하루가 너무도 힘들었고 끔찍했다고 할 때 a hell of a day를 활용해서 It's been a hell of a day.하고 말합니다. 의미는 '끔찍한 하루였어요.'로 hell of a는 '엄청난', '굉장한'의 뜻이에요.

Hutch   It's been a hell of a day.
        끔찍한 하루였어.

Rebecca   I can *see that.
        그런 것 같네요.

*see 이해하다

Review Quiz

036 잘 지내요, 전 됐습니다.

I'm _____.

037 그럭저럭 잘 지내요.

Can't _____.

038 괜찮아요.

Not _____.

039 별일 없어요.

_____ much.

040 끔찍한 하루였어요.

It's been a _____ of a day.

036 good 037 complain 038 bad 039 Nothing 040 hell

안부

자신의 기분이나 상태를 말할 때

• SCENE 지금 자신의 기분이나 상태를 정확하게 표현하는 게 중요한데요, 어떻게 하면 영어로 간단하게 말할 수가 있을까요? 감정의 뜻이 담겨 있는 형용사와 I'm... 또는 I feel... 영어 패턴이 필요합니다.

영화 [American Sniper] 중에서

073

I'm depressed.
우울해요.

자신의 감정 따위를 나타낼 때 I'm+형용사. 패턴을 사용하는데요, 형용사 depressed는 '우울한'입니다. 마음이 아래로(de) 눌리는(pressed) 것처럼 우울하다는 얘기로 '우울해요.'의 뜻이랍니다.

Chris You like country music?
컨츄리 음악 좋아해요?

Taya Only when I'm depressed.
우울할 때 만요.

영화 [X-men : Days Of Future Past] 중에서

074

I'm not in the mood.
그럴 기분이 아니에요.

만사가 귀찮아 아무것도 하고 싶지 않을 때가 있어요. 영어로 I'm not in the mood.는 '그럴 기분이 아니에요'의 뜻입니다.

Erik *Fancy a game? It's been a while.
게임 한판 어때? 오랜만인데 말이야.

Charles I'm not in the mood for games, thank you.
게임할 기분이 아냐, 고마워.

*fancy 생각이 들다, 좋아하다

075

I'm freaking out.
난 멘붕 상태에요, (놀라) 미쳐 버리겠어요.

어떤 일로 인해 정신 못 차릴 정도로 흥분되거나 동요를 일으킬 때 freak out(흥분하다)이라고 합니다. 영어로 I'm freaking out.처럼 말 하면 요즘 말로 '난 멘붕 상태에요.'입니다. 때로는 '(놀라) 미쳐 버리 겠어요.'도 되죠.

Woman   Thank God you're here. I'm freaking out. I *forgot my thing.
와서 다행이야. 미쳐 버리겠어. 물건을 깜빡했거든.

Jane   Oh! Um, I brought extra. No **worries.
오! 음, 여분 가져왔어. 걱정 마.

*forget 잊다, 까먹다 **worry 걱정하다, 근심

076

I'm kind of nervous.
좀 긴장돼요.

자신의 기분이나 상태 따위를 좀 누그러트려 말할 때 kind of를 사 용해요. 우리말 '조금'으로 a little과 같은 말이 됩니다. 그러므로 I'm kind of nervous.라고 하면 '좀 긴장돼요.'의 의미예요.

Riley's Mom   So, the big day! New school, new friends, huh?
중요한 날이네! 새 학교, 새 친구들, 맞지?

Riley   I know! I'm kind of nervous, but I'm *mostly **excited.
저도 알아요! 좀 긴장되지만, 완전 흥분되네요.

*mostly 주로, 대부분 **excited 흥분되는

077

I'm afraid of heights.
고소공포증이 있어요.

유난히 높은 곳을 무서워하는 사람이 있어요. '고송공포증' 때문이겠죠. 영어로 I'm afraid of heights.처럼 말하는데요, '고소공포증이 있어요.'의 뜻입니다. 숙어로 be afraid of는 '~ 을 두려워하나'예요.

Tobey   Hey, you gotta jump. Let's go.
이봐, 뛰어내려야 해. 어서.

Julia   No, I can't. I can't jump. I'm afraid of heights.
아니, 못해. 못 뛰어내리겠어. 고소공포증이 있거든.

078

I'm getting so forgetful.
건망증이 너무 심해지고 있어요.

주위에서 뭔가를 너무 쉽게 잊거나 까먹고 지내는 사람들을 종종 목격하게 됩니다. 이럴 때 그들은 나이 탓으로 돌리고는 하죠. 형용사 forgetful은 '건망증이 있는', '잘 잊어 먹는'의 뜻으로 '건망증이 너무 심해지고 있어요.'를 I'm getting so forgetful.처럼 표현해요.

Tillie   I'm getting so forgetful. Happens with age.
내가 건망증이 너무 심해졌어요. 나이 들어가면서 그래요.

Carl   Uh, don't *worry about it.
어, 걱정 마세요.

*worry about ~에 대해 걱정하다

079

My heart is pounding.
심장이 두근거려요.

갑자기 심장이 쿵쾅거리거나 두근거릴 때 pounding을 사용해서 My heart is pounding.하고 말합니다. 의미는 '심장이 두근거려요.'입니다.

Eep   Are you okay?
괜찮아?

Dawn   Oh, my gosh! My heart is *pounding! I feel so **alive!
세상에나! 심장이 두근거려! 정말 살맛나는데!

*pounding 쿵쿵 두드리는 소리 **alive 살아 있는

080

Never better.
더할 나위 없이 좋아요, 기분 최고예요.

자신의 감정 따위를 표현한 말이에요. Never better.처럼 부정부사(never) 다음에 비교급(better)을 넣어 말하면 최고치의 의미를 전달하는 거죠. '더할 나위 없이 좋아요.', '기분 최고예요.'처럼 말이에요.

Janie   Dad, are you okay?
아빠, 괜찮아?

Thomas   Yeah. Never better.
응. 기분 최고야.

I've been better.
그저 그래요, 별로 안 좋아요.

현재 자신의 기분이나 상태를 말할 때 사용할 수 있는 표현으로 I've been better.를 직역하면 '더 나을 수가 있었다.'인데요, 이 말 뜻은 지금 몸 상태나 기분이 별로거나 그저 그래 앞으로 시간이 좀 더 흘러가면 훨씬 더 좋아질 거라는 속내를 담고 있는 거죠. 즉 '그저 그래요.' 또는 '별로 안 좋아요.'라는 의미입니다.

Elsa I'm sorry. Are you okay?
미안해. 괜찮아?

Anna I've been better.
별로 안 좋아.

Review Quiz

041 우울해요.

I'm _____.

042 난 멘붕 상태에요. (놀라) 미쳐 버리겠어요.

I'm _____ out.

043 고소공포증이 있어요.

I'm _____ of heights.

044 심장이 두근거려요.

My heart is _____.

045 그저 그래요, 별로 안 좋아요.

I've been _____.

041 depressed 042 freaking 043 afraid 044 pounding 045 better

작별

작별 인사말을 건넬 때

●SCENE 만남이 있으면 작별이 있기 마련입니다. 즐거웠던 시간을 뒤로한 채 아쉬운 작별을 고할 때 어떻게 말하면 좋을까요? 작별 인사로 사용할 수 있는 영어 표현들은 그렇게 어렵지가 않아요.

영화 [The Equalizer] 중에서

082

Have a good one.
좋은 하루 보내세요.

작별인사로 '좋은 하루 보내세요.'라고 말하죠. 영어로 Have a good one.이라고 해요. Have a good weekend.(좋은 주말 되세요), Have a nice day.(멋진 하루 보내세요)처럼 좀 더 구체적인 상황을 나타내는 인사말은 아니에요. 여기서 one은 time, weekend 또는 day가 될 수 있어요. 일반적인 작별 인사말입니다.

Billy   All right, see you later, J.
         알았어, 나중에 봐, 제이.

J   Have a good one, Billy.
         좋은 하루 보내, 빌리.

영화 [Yesterday] 중에서

083

Have a good show.
좋은 공연 되세요.

공연을 앞두고 있는 동료들에게 Have a good show.하고 말하면 '좋은 공연 되세요.'의 의미입니다. 보통 동사 have는 작별 인사말로 사용해요.

Debra   Have a good show.
         좋은 공연 되세요.

Jack   Thank you. *Helpful.
         고마워요. 도움이 되네요.

*helpful 도움이 되는

Have a good day.
좋은 하루 보내요.

작별 인사말로 사용되는 표현들이 많아요. 그중에 Have a good day.는 '좋은 하루 보내요.' 입니다. 보통 have처럼 동사로 말하면 명령조로 들리기는 하지만 누군가와 작별할 때 인사 말로 사용됩니다.

| Rebecca | Have a good day, Hutch!
좋은 하루 보내요, 여보! |
| Hutch | You too.
자기도. |

I'll catch you inside.
안에서 봐요.

동사 catch를 활용해서 I'll catch you inside.하고 말하면 '안에서 봐요.' 의 뜻입니다. 여기서 catch에는 '때마침 만나다'의 의미가 담겨있죠.

| Ray | I'll catch you inside.
안에서 봐. |
| Marcus | All right, man.
알았어. |

I'll catch you later.
나중에 봐요, 이따가 봐요.

동사 catch에는 '잡다'외에 '때마침 만나다'라는 뜻이 있어 I'll catch you later.처럼 표현하 면 '나중에 봐요.', '이따가 봐요.'기는 이미기 되죠. 작별 인사말로 사용하는 표현이에요.

| Bradley | I'll catch you later. You go *have a great time.
나중에 봐요. 가서 좋은 시간 보내요. |
| Susan | Thank you.
고마워요. |

*have a great time 좋은 시간 보내다

49

087

I'll see you out there.
거기서 봐요.

누군가와 약속을 잡은 뒤 나중에 약속 장소에서 만나자고 하며 I'll see you out there.처럼 얘기했다면 그 의미는 '거기서 봐요.'입니다.

E.B.'s Dad I'll see you out there.
거기서 보자.

E.B. No, I don't think you will.
아니요, 못 보실 거예요.

088

Take care.
잘 있어요, 몸조심해요, 잘 가요.

즐거운 만남 뒤에는 아쉬움의 작별이 있게 마련이에요. 영어로 Take care.라고 하죠. '잘 있어요.', '몸조심해요.' 또는 '잘 가요.'로 서로 격이 없는 사이에서 많이 사용합니다.

Harry Take care, *buddy. Lloyd, did you say something? That's it, kid. You can do it. Come on, come on, come on! **Spit it out.
잘 있게, 친구. 로이드, 무슨 말 한 거야? 바로 그거야. 할 수 있어. 어서, 어서, 어서! 툭 터놓고 얘기해봐.

Lloyd Got ya!
속았지롱!

*buddy 친구 **spit it out 털어 놓다

089

Be careful.
조심해요.

늦은 밤에 누군가에게 작별 인사말을 건넬 때 '조심해요.'하고 말하기도 하는데요, 영어로는 Be careful.입니다. 답변으로 You too.는 '당신도요.'라는 뜻이에요.

Aimee Be careful.
조심해.

Joel You too.
너도.

090

It was a nice night.
근사한 밤이었어요.

만남이 있으면 아쉬운 작별이 있기 마련입니다. 영어로 It was a nice night.은 '근사한 밤이었어요.'로 답변으로 간단하게 Thank you. (고마워요)처럼 표현하면 됩니다.

Amanda It was a nice night.
근사한 밤이었어.

Thomas Yeah.
응.

Review Quiz

046 좋은 하루 보내세요.

Have a good _____.

047 좋은 하루 보내요.

Have a good _____.

048 나중에 봐요, 이따가 봐요.

I'll _____ you later.

049 잘 있어요, 몸조심해요, 잘 가요.

Take _____.

050 근사한 밤이었어요.

It was a _____ night.

046 one 047 day 048 catch 049 care 050 nice

작별

서둘러서 가야만 한다고 얘기할 때

SCENE 얘기 도중에 급한 일로 어쩔 수 없이 자리를 떠나야만 할 때 상대방에게 먼저 양해를 구하게 되는데요. 동사 go(가다)나 leave(떠나다)를 활용해서 표현하면 좋습니다.

091

We have to go.
우리 가야 해요.

작별 인사말로 We have to go.는 '우리 가야 해요.'라는 뜻입니다. 보통 동사 have 다음에 to부정사가 나오면 미래에 할 일을 가지고 있어 꼭 해야 한다는 뉘앙스를 풍기는 거예요.

Freddie   We have to go, Mum.
           우리 가야 해요, 엄마.

Kashmira   But you just *got here.
           하지만 너 방금 여기 왔잖아.

*get here 이곳에 도착하다

092

We gotta get going.
우리 가야 돼요.

작별 인사말로 We gotta get going.은 '우리 가야 돼요.'로 gotta는 have got to인데요, 네이티브들이 보통 줄여서 gotta처럼 발음합니다.

Clyde   Hey, we gotta get going.
        이봐, 우리 가야 돼.

Joel   Okay.
      알았어요.

093

I gotta go to work.
출근해야 해요.

얘기를 나누다가 작별인사를 건넬 때 I gotta go to work.처럼 말하면 '출근해야 해요.'의 뜻인데요, 숙어로 go to work은 '출근하다'입니다.

Rose   Where you going?
어디가?

Mike   Gotta *drop those off and I gotta go to work.
저 물건들 가져가 놓고 출근해야 돼.

*drop off 내리다, 가져가 놓다

094

I gotta go home.
집에 가야 해요.

시간을 보니 집에 가야 할 때가 된 것 같다고 느껴지면 I gotta go home.하고 말합니다. 의미는 '집에 가야 해요.'로 보통 got to를 빨리 발음하면 gotta가 됩니다.

Luca   I gotta go home.
집에 가야 해.

Alberto   Right this *second?
지금 이 순간에?

*second 초, 잠시

095

I need to go alone.
혼자 가야 돼요.

떠날 시간이 되었다고 생각들 때 혹시 I need to go alone.하고 말하면 의미는 '혼자 가야 돼요.'로 go alone은 '혼자 가다'입니다.

Rey   I need to go alone.
나 혼자 가야 돼.

Finn   Yeah. Alone with friends.
응. 친구들하고만.

096

I'm leaving.
나 떠날 거예요.

현재진행형으로 가까운 미래를 나타낼 수 있습니다. 영어로 I'm leaving.처럼 현재진행형으로 말하면 앞으로 가까운 시기에 '나 떠날 거예요.'처럼 해석되죠.

Eep
I'm leaving. **Are you coming with me?**
나 떠날 거야. 나랑 갈 거야?

Guy
I, um, I can't.
음, 못 가.

*leave 두다, 떠나다

097

We're leaving right now.
우리는 당장 떠날 거예요.

현재진행형으로 가까운 미래를 대신할 수 있습니다. 예를 들어 We're leaving right now.는 '우리는 당장 떠날 거예요.'로 right now 는 '지금', '당장'을 말합니다.

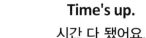

Connor
We're leaving tonight?
오늘밤 떠나요?

Hannah
We're leaving right now.
우리는 당장 떠날 거야.

098

Time's up.
시간 다 됐어요.

시간이 다 되었다고 하며 재촉할 때 네이티브들은 Time's up.하고 말합니다. 간단한 표현으로 '시간 다 됐어요.'의 의미예요.

Man
Time's up, I'm *afraid. **Did you get what you wanted?**
죄송하지만 시간 다 됐어요. 원하셨던 걸 얻으셨어요?

William
**Nearly, nearly.
거의요.

*afraid 두려운 **nearly 거의

54

Time to go.
갈 시간이에요.

시계를 보니 떠날 시간이 된 것 같을 때 Time to go.라고 하죠. 원래는 It's time to go.인데요. 줄여서 Time to go.처럼 표현하기도 해요. 뜻은 '갈 시간이에요.'입니다.

Grug   Time to go.
갈 시간이야.

Eep   No. I *have too much to say to you.
아니요. 아빠한테 할 말이 너무 많아요.

*have much to say 할 말이 많다

Review Quiz

051   우리 가야 해요.

We have to _____.

052   출근해야 해요.

I gotta go to _____.

053   혼자 가야 돼요.

I need to go _____.

054   우리는 당장 떠날 거예요.

We're _____ right now.

055   갈 시간이에요.

Time to _____.

051 go 052 work 053 alone 054 leaving 055 go

55

SCENE 03

작별

다시 돌아오겠다고 얘기할 때

• SCENE   빨리 오라고 재촉하는 누군가에게 지금 가고 있으니 조금만 기다리고 있으라고 말하거나 잠시 뒤에 다시 돌아오겠다고 하며 어디 가지 말라고 부탁할 때 다음과 같은 영어 표현들을 활용할 수 있습니다.

영화 [Frozen] 중에서

100

I'm coming.
지금 가요, 가고 있어요.

빨리 오라고 재촉하는 누군가에게 지금 가고 있으니 잠시만 기다리고 있으라고 말하게 됩니다. I'm going.처럼 표현할 것 같지만 아닙니다. 비록 내가 상대에게 가는 거지만 상대방 입장에서 보면 자신에게 오는 것이므로 I'm coming.이라고 표현하는 게 좋아요. 의미는 '지금 가요.', '가고 있어요.'입니다.

Olaf   So, come on! Elsa's this way. Let's go *bring back summer!
어서 와요! 엘사는 이쪽에 있어요. 가서 여름을 다시 찾아옵시다!

Anna   I'm coming!
지금 가!

*bring back 다시 데려오다

영화 [Bolt] 중에서

101

I'll be right back.
곧 돌아올게요.

영화 [Terminator 1] 마지막 장면에서 나오는 명대사 I'll be back.(나 돌아온다)이 기억납니다. 여기에 부사 역할을 하는 right을 넣어 I'll be right back.처럼 표현하면 '곧 돌아올게요.'가 되죠.

Man   Oh, boy. This thing is *heavy.
오, 이런. 이 물건 무겁군.

Man   Hey, hey. Put it down. I **forgot the keys. I'll be right back.
이봐, 이봐. 내려놔. 열쇠를 깜빡했어. 곧 돌아올게.

*heavy 무거운 **forget 잊다, 까먹다

102

I'll be there in 15.
15분 뒤에 그곳에 도착할 거예요.

누군가가 자신이 있는 곳으로 빨리 오라고 재촉할 때 I'll be there in 15.처럼 말하면 '15분 뒤에 그곳에 도착할 거예요.'입니다. 여기서 in 15 다음에 minutes가 생략된 거예요.

Cooper　Can you get to *the White House right now?
　　　　　지금 당장 백악관으로 올 수 있겠어?

Sam　　I'll be there in 15.
　　　　　15분 뒤에 그곳에 도착할 거야.

*the White House 백악관

103

I'll see you guys when I get back.
돌아올 때 뵐게요.

나중에 다시 돌아오면 그때 보겠다고 할 때 I'll see you guys when I get back.이라고 합니다. '돌아올 때 뵐게요.'로 get back은 '돌아오다'예요.

Karen　Anyway, I'm taking some time off, so I'll see you guys when I get back.
　　　　아무튼, 좀 쉴 거야. 그러니까 돌아올 때 보자고.

Nancy　Where are you going?
　　　　어디 가는데?

104

I won't be long.
오래 안 걸려요, 곧 올게요.

스스로 생각하기에 그리 많은 시간이 걸리지 않을 거라고 말할 때 I won't be long.이라고 하죠. 의미는 '오래 안 걸려요.', '곧 올게요.'로 형용사로 long는 '긴'이 아닌 '시간을 끄는', '시제하는'입니다.

Clerk　We're about to close.
　　　　곧 문 닫을 거예요.

Ethan　I won't be long.
　　　　오래 안 걸려요.

105

We'll be there.
갈게요.

영어로 We'll be there.를 직역하면 '우리는 그곳에 있을 거예요.'인데요. 이 말을 '갈게요.' 처럼 의역하면 됩니다. 시간에 맞춰 약속장소로 가겠다고 할 때 사용합니다. 주어 we 대신 에 I를 넣어 I'll be there.처럼 말하기도 하죠.

Jin   Meet me at that *village by the river!
강 옆에 있는 그 마을에서 봐!

Yi   We'll be there.
갈게.

*village 마을

106

We need to get back.
우리는 돌아가야 해요.

필요에 의해 해야 할 경우 need to+동사 패턴을 사용하는데요. We need to get back.은 '우리는 돌아가야 해요.'로 숙어로 get back은 '돌아오다'입니다.

Davis   We need to get back. We need to *get back home.
우리는 돌아가야 돼. 집으로 돌아가야 한다 말이야.

Marshall   **Stow it, Sergeant Davis.
그만둬, 데이비스 병장.

*get back home 집으로 돌아가다 **stow 채워 넣다, 그만두다

107

We're gonna head back.
우리는 돌아 갈 거예요.

자신이 있던 곳으로 다시 돌아간다고 할 때 head back을 사용합니다. 영어로 We're gonna head back.은 '우리는 돌아 갈 거예요.'의 의미입니다.

Luca   We're gonna head back to...
우리는 돌아 갈 거야.

Giulia   Do you guys need a place to *stay?
너희들 머물 장소가 필요해?

*stay 머무르다

How long have you been back?
돌아 온지 얼마나 됐어요?

오랫동안 연락이 없었던 지인이 자신에게 찾아왔을 때 때로는 How long have you been back?하고 물어볼 수 있어요. 의미는 '돌아 온지 얼마나 됐어요?'입니다.

Lena How long have you been back?
돌아 온지 얼마나 된 거야?

Kane I don't know.
모르겠어.

Review Quiz

056 지금 가요, 가고 있어요.

I'm _____.

057 15분 뒤에 그곳에 도착할 거예요.

I'll be _____ in 15.

058 오래 걸리지 않아요, 곧 올게요.

I won't be _____.

059 우리는 돌아가야 해요.

We need to _____ back.

060 돌아 온지 얼마나 됐어요?

How _____ have you been back?

056 coming 057 there 058 long 059 get 060 long

숙면

잠을 언급할 때

● SCENE 우린 잠이 보약이라고 말합니다. 불면증으로 고생하는 사람들이 많기에 그만큼 숙면만큼
건강에 중요한 게 없기 때문이죠. 잠자리에 들 때 사용할 수 있는 표현들이 많습니다.

109

영화 [Non-Stop] 중에서

Sleep well.

잘 자요.

잠자리에 들 시간이 되면 '잘 자요.'하고 인사말을 건네게 되죠. 간단하게 Sleep well.이라
고 합니다. 부사 well '충분히'라는 뜻이에요.

Jennifer   It's going to be a long *flight.
           긴 비행이 되겠네요.

Bill   Yeah, yeah, yeah. Sleep well.
           네. 네. 잘 자요.

*flight 비행기, 비행

110

영화 [Inside Out] 중에서

Sweet dreams.

잘 자요, 좋은 꿈 꿔요, 안녕히 주무세요.

잠자리에 들 시간이 되면 상대에게 Sweet dreams.이라고 말을 건네
게 됩니다. '잘 자요.', '좋은 꿈 꿔요.' 또는 '안녕히 주무세요.'의 뜻으
로 달콤한 꿈(!)을 꾸게 되면 그 다음날을 기분 좋게 시작할 수 있잖
아요.

Riley's Mom   Sweet dreams.
              잘 자라.

Riley   Good night.
              안녕히 주무세요.

Bedtime soon.
곧 잘 시간이야.

잠자리에 들 시간이 되었을 때 자녀들에게 Bedtime soon.처럼 간단하게 말하면 '곧 잘 시간이야.'가 됩니다. 명사 bedtime은 '취침 시간'을 말해요.

Agnarr	Anna. Elsa.
	안나. 엘사.
Iduna	Bedtime soon.
	곧 잘 시간이야.

Take a nap.
낮잠이나 자.

잠과 관련된 표현들이 많은데요, 그 중에 하나 take a nap.은 '낮잠 자다'입니다. 명사 nap은 '낮잠'이며 '자다'에 해당되는 동사가 바로 take입니다.

Man	What should we do, Connor?
	우리 어떻게 해야 됩니까, 코너?
Perkins	Take a nap.
	낮잠이나 자.

Good night.
잘 자요.

저녁에 작별 인사로 사용되는 Good night.은 '잘 자요.'입니다. 답변으로 Good night. 또는 You too.로 말하면 되죠.

Eep	I'm going to *fall asleep and **dream about our home. Good night, Guy.
	잠자면서 우리 가정을 꿈꿔볼 거야. 잘 자, 가이.
Guy	Good night, Eep.
	잘 자, 이프.

*fall asleep 잠들다 **dream 꿈

61

Off to bed.
잠자리에 들 시간이야.

시간을 보니 잠자리에 들 시간이 훌쩍 넘었을 때 Off to bed.하고 한마디 하게 되는데요. '잠자리에 들 시간이야.'로 I'm off to bed.(나 자러 갈 거야)처럼 응용해서 표현하기도 합니다.

Ken   Off to bed, you. I will *wake you before I **leave for France. I ***promise.
잠자리에 들 시간이야. 프랑스로 떠나기 전에 널 깨울게. 약속하지.

Peter   Okay. Good night.
알았어요. 안녕히 주무세요.

*wake 깨우다 **leave for ~로 떠나다 ***promise 약속하다

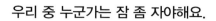

Some of us need to get some sleep.
우리 중 누군가는 잠 좀 자야해요.

숙면과 관련된 표현 중에 get some sleep은 '잠 좀 자다'로 Some of us need to get some sleep.은 '우리 중 누군가는 잠 좀 자야해요.'입니다.

Man   Hey, look, man, some of us need to get some sleep.
이봐요, 우리 중 누군가는 잠 좀 자야해요.

Bill   Sir, sit down. Be quiet.
앉아요. 조용히 하고.

You're up bright and early.
아침 일찍 일어났군요.

평소에 일찍 일어나는 사람에게 하는 말로 You're up bright and early.는 '아침 일찍 일어났군요.'입니다. 숙어로 bright and early는 '이른 아침에', '아침 일찍'의 뜻이에요.

Phil   Shelby, you're up bright and early.
셸비, 아침 일찍 일어났네.

Carroll   Well, early bird gets the *worm, Pops.
글쎄요, 일찍 일어나는 새가 벌레를 잡잖아요, 팝스.

*worm 벌레

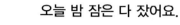

영화 [Annihilation] 중에서

I'm done sleeping for the night.
오늘 밤 잠은 다 잤어요.

우리말에 '오늘 밤 잠은 다 잤어요.'를 네이티브들은 for the night을 활용해서 I'm done sleeping for the night.처럼 표현합니다. 숙어로 I'm done −ing에서 done에는 finished라는 뜻이 있어요.

Ventress   What are you doing up? You're not supposed to *relieve me until 3:00.
오늘 밤 잠은 뭐예요? 나와 교대하려면 3시가 되어야 하잖아요.

Lena   I'm done sleeping for the night.
오늘 밤 잠은 다 잤어요.

*relieve 완화시키다, 교대시키다

Review Quiz ───────────────

061 잘 자요.

Sleep _____.

062 곧 잘 시간이야.

Bedtime _____.

063 잘 자요.

Good _____.

064 우리 중 누군가는 잠 좀 자야해요.

Some of us need to _____ some sleep.

065 오늘 밤 잠은 다 잤어요.

I'm _____ sleeping for the night.

061 well 062 soon 063 night 064 get 065 done

615 실전영어회화

Unit 02

MP3

고맙기도 하지만 때로는 죄송해요!

감사

감사하다고 말할 때

●SCENE 살다 보면 주위 사람들에게 감사할 게 많이 생깁니다. 선물에 감사하다고 말할 수도 있고 해외여행 중에 갈 길을 잃어 지나가는 사람에게 도움을 요청한 뒤 고마움을 표현할 수도 있습니다.

118

Thanks.
고마워요.

누군가로부터 도움을 받게 되면 '고마워요.'하고 한마디 건네게 되는데요, 간단하게 Thanks.처럼 말하기도 합니다.

Ray
I'm gonna send a *deputy out there. And I'm gonna have 'em **check up on him. All right?
그곳에 부 보안관 보내 그가 이상이 없는지 확인 시킬게. 알았지?

Christie
Thanks, Sheriff.
고마워요, 보안관님.

*deputy 대리 **check up on 이상이 없는지 확인하다

119

Thanks for your help.
도와줘서 고마워요.

누군가가 마치 자신의 일처럼 자신을 도와줄 때 감사하다는 말을 하게 되는데요, Thanks for your help.는 '도와줘서 고마워요.'입니다.

Anna
*I'd better be going. Thanks for your help.
가야겠어요. 도와줘서 고마워요.

William
You're welcome.
천만에요.

*had better ~하는 것이 좋다, 해야 한다

Thank you.
고맙습니다.

누군가에 고마움을 표현할 때 입 밖으로 가장 먼저 튀어나오는 말이 바로 Thank you.입니다. '고맙습니다.'라는 뜻이에요.

Jenny   Well, Mr. Barnum. This is... to making *dreams **come true.
글쎄요. 바넘씨. 이건... 꿈을 실현하기 위해서죠.

Phineas   Thank you, Jenny.
고마워요. 제니.

*dream 꿈 **come true 실현되다

Thank you so much.
정말 고맙습니다.

좋은 일이 자신에게 생겼을 때 상황에 따라서는 Thank you so much.하며 감사의 표현을 하게 되는데요. 의미는 '정말 고맙습니다.'입니다.

Guy   Thank you so much. Officer Johnny!
정말 고마워요. 쟈니 경찰관님!

Johnny   Have a good one. Guy.
좋은 하루 보내요. 가이.

Thank you for the offer.
제안은 고마워요.

상대방으로부터 좋은 제안을 받았을 때 감사하다고 말하게 됩니다. 영어로 Thank you for the offer.는 '제안은 고마워요.'로 명사 offer 는 '제안'을 뜻합니다.

Sophie   I'm sorry. Thank you for the offer.
미안해요. 제안은 고마워요.

Alex   Yes.
네.

Thank you for reminding me.
상기시켜줘서 고마워요.

상대방의 말이나 행동에 감사 표현을 하고 싶을 때가 있어요. Thank you for...의 패턴을 사용하는데요, 동사 remind는 '~에게 생각나게 하다'로 Thank you for reminding me.는 '상기시켜줘서 고마워요.'입니다.

| Thomas | So you're the *only one left, Master Gregory.
당신이 유일한 분이시군요, 그레고리님. |
| Gregory | Thank you for reminding me.
상기시켜줘서 고맙네. |

*only 오직, 단지

Thank you for asking.
물어봐줘서 고마워요.

상대방이 자신에게 어떤 질문을 해줬을 때 답변하기 전에 먼저 Thank you for asking.하고 말하기도 합니다. 의미는 '물어봐줘서 고마워요.'입니다.

| Sonic | Is that all you got?
고작 그거야? |
| Dr. Robotnik | No, but thank you for asking.
아니, 하지만 물어봐줘서 고맙군. |

I can't thank you enough.
정말 고맙습니다.

우리말도 감사 표현이 다양한데 영어도 마찬가지예요. 그중에서 I can't thank you enough.은 '난 충분히 감사할 수가 없다.'가 직역이지만 이 말은 감사함의 극대치를 보여주는 거예요. 즉 '정말 고맙습니다.'의 의미입니다.

| Cooper | Madam Prime Minister, I can't thank you enough for your *cooperation on this.
총리님, 이 문제에 협조해주셔서 정말 감사드립니다. |
| Prime Minister | But of course, Will.
별말씀을요, 윌. |

*cooperation 협조

126

I appreciate everything.
모든 것에 감사드립니다.

고마움을 표현할 때 동사 appreciate(감사하다)을 씁니다. 영어로 I appreciate everything. 은 '모든 것에 감사드립니다.'의 뜻으로 I appreciate it.(감사합니다) 표현도 많이 사용하죠.

Rebecca   I appreciate everything. Good day.
모든 것에 감사드려요. 좋은 하루 되세요.

Luke   Good day.
좋은 하루 되세요.

Review Quiz

066 고마워요.

_____.

067 고맙습니다.

Thank _____.

068 제안은 고마워요.

Thank you for the _____.

069 물어봐줘서 고마워요.

Thank you for _____.

070 모든 것에 감사드립니다.

I _____ everything.

066 Thanks 067 you 068 offer 069 asking 070 appreciate

감사에 답변할 때

●SCENE 감사의 표현 Thank you.(고마워요)의 답변으로 You're welcome.(천만에요)가 머릿속에서 제일 먼저 떠오르는데요, 이와 비슷한 의미를 갖는 영어 표현들이 의외로 많이 있습니다.

영화 [27 Dresses] 중에서

127

Sure.
별말씀을요, 고맙긴 뭘요.

상대로부터 감사하다는 말을 듣게 되면 '별말씀을요.', '고맙긴 뭘요.' 하고 대답하게 되는데요, 바로 Sure.라고 합니다.

Jane   Thank you for helping me.
        도와줘서 고마워요.

Kevin   Sure. Got it?
        별말씀을요. 알겠어요?

영화 [Tom And Jerry] 중에서

128

Of course.
천만에요.

영어로 Of course.는 '물론이죠.'라는 뜻이지만 때로는 이 말이 Thank you.의 답변으로 사용되기도 합니다. 이럴 때는 '천만에요.'라는 의미죠. 즉 베푼 호의가 당연하다는 속뜻이 담겨있는 거예요.

Terence Thank you, Kayla.
         고마워요, 케일라.

Kayla   Yeah, of course. Anytime.
         네, 천만에요. 언제든지요.

 70

129

Anytime.
언제든지요.

도움을 받은 상대방이 Thank you.하고 고마움을 표현하면 답변으로 Anytime.처럼 말할 수 있어요. '언제든지요.'로 도움이 필요하면 언제든지 기꺼이 도와주겠다는 뜻이랍니다.

Preeta	Thank you! 고마워요!
Kayla	Anytime. 언제든지요.

130

It's no problem.
천만에요, 괜찮습니다, 아무렇지 않습니다.

누군가 자신에게 감사 또는 사과 표시를 하면 스스로는 크게 개의치 않는다고 말할 때가 있어요. It's no problem.은 '천만에요.', '괜찮습니다.', '아무렇지 않습니다.'라는 뜻입니다.

George	Thank you for coming *on such short notice. 급하게 연락했는데 이렇게 와줘서 고맙소.
Jane	Oh, it's no problem. I'm happy to help. 오, 괜찮아요. 기꺼이 도와드리죠.

*on such short notice 갑작스러운 요청에도 불구하고, 급하게 연락 드렸는데

131

Don't mention it.
천만에요, 별말씀을요.

별일도 아닌 일로 칭찬을 받게 되면 '천만에요.' 또는 '별말씀을요.'라고 대답하게 되죠. Don't mention it.이에요. You're welcome.처럼 네이티브들이 자주 사용하는 표현이기도 합니다.

Scott	Thanks, brother! 고마워, 친구!
James	Don't mention it. 천만에.

132

Don't thank me.
저한테 고마워하지 않아도 돼요.

별것도 아닌 걸로 감사하다고 자신에게 말할 필요가 없다고 할 때 Don't thank me.처럼 말합니다. 이 표현은 '저한테 고마워하지 않아도 돼요.'라는 의미로 쓰입니다.

Eugene   All right. I can't believe I'm saying this, but I'm letting you out of the deal.
그래 좋아요. 내가 이런 말 하는 게 믿기지는 않지만, 이 거래 없던 걸로 할게요.

Rapunzel   What?
뭐라고요?

Eugene   That's right, but don't thank me.
맞아요. 하지만 저한테 고마워하지 않아도 돼요.

133

You're welcome.
천만에요.

상대방으로부터 고맙다는 말을 듣게 되면 '천만에요.'하고 말을 건네게 됩니다. 별거 아니니 크게 신경 쓰지 말라는 뜻이 내포된 셈이죠. 보통 You're welcome.이 나도 모르게 입 밖으로 나오게 됩니다.

Gregory   My *compliment for the cook.
요리사에게 경의를 표합니다.

Thomas' Mom   You're welcome.
천만에요.

*compliment 칭찬

134

You're very welcome.
천만에요, 별말씀을요.

감사의 말을 들었을 때 You're very welcome.하고 대답하는 게 당연합니다. 부사 very를 좀 강하게 발음하면 되는데요, 의미는 '천만에요.', '별말씀을요.'입니다.

Bernie   I wanna thank you. Tonight you gave me more than I could ever ask for.
고마워. 오늘밤 넌 내가 바라던 그 이상을 해줬어.

Griffin   You're very welcome, Bernie.
천만에, 버니.

135

(There's) no need to thank me.
저에게 고마워할 필요는 없어요.

별것도 아닌 일로 고맙다는 말을 들었을 때 (There's) no need to thank me.하고 대답할 수 있어요. '저에게 고마워할 필요는 없어요.'의 뜻으로 There's no need to+동사.는 '～할 필요가 없다'입니다.

Randy   It's me, Casey. Thank you.
저예요. 케이시. 고마워요.

Casey   No need to thank me, Randy. We're on the same team.
저에게 고마워할 필요는 없어요, 랜디. 우리 같은 팀이잖아요.

Review Quiz

071 별말씀을요, 고맙긴 뭘요.

_____.

072 언제든지요.

_____.

073 천만에요, 별말씀을요.

Don't _____ it.

074 천만에요.

You're _____.

075 저에게 고마워할 필요는 없어요.

(There's) no _____ to thank me.

071 Sure 072 Anytime 073 mention 074 welcome 075 need

73

행운

행운을 빌 때

•SCENE 중요한 면접이나 시험이 있다면 괜스레 긴장되고 초조해집니다. 주변 사람들에게 행운을 빌어달라고 부탁하게 되는 건 어쩌면 당연한 일이기도 하죠. 상대방이 이런 상황에 놓이게 될 때 행운의 뜻으로 한마디 건네 보세요.

영화 [Music And Lyrics] 중에서

136

Good luck.
행운을 빌어요.

누군가 중요한 인터뷰나 시험이 있을 때 '행운을 빌어요.'하고 응원의 한마디 건네게 되는데요. 영어로는 간단하게 Good luck.처럼 표현합니다.

Alex   Good luck.
         행운을 빌어요.

Sophie   You too.
         당신도요.

영화 [Notting Hill] 중에서

137

Wish me luck.
행운 빌어줘요.

중요한 면접이나 시험이 있을 때 주변 사람에게 '행운 빌어줘요.'하고 한마디 부탁 됩니다. 영어로는 Wish me luck.이라고 하죠.

Spike   Great. Thanks. Wish me luck.
         좋았어. 고마워. 행운 빌어줘.

William   Good luck.
         행운을 빌어.

138

Break a leg.
잘해요, 행운을 빌어요.

특히 공연을 앞두고 있는 사람에게 Break a leg.이라고 하면 '다리가 부러져라.'처럼 이상하게 들리겠지만 이 말은 '잘해요.' 또는 '행운을 빌어요.'처럼 사용되는 표현입니다. 좋은 말만 하면 오히려 안 좋은 일이 생길 수도 있기에 Break a leg.처럼 반대로 말하면 좋은 일이 생길 거라는 말에서 나온 거예요.

Go Go   Don't *mess it up.
망치진 마.

Wasabi   Break a leg, little man.
잘해, 꼬마야.

*mess up 망쳐 놓다

139

Bless you.
행운이 깃들기를.

누군가에게 '행운이 깃들기를.'하고 말하고 싶을 때 동사 bless를 활용해서 Bless you.처럼 간단하게 표현할 수 있어요.

Judy   I will find him.
제가 그를 찾을게요.

Mrs. Otterton   Oh! Thank you. Bless you.
오! 고마워요. 행운이 깃들기를.

140

Lucky me.
제가 운이 좋네요.

자신이 오히려 운이 좋다고 할 때 Lucky me.처럼 말합니다. '제가 운이 좋네요.'로 때로는 How lucky I am.이라고도 해요.

Honey   I've *believed **for some time now, that we could be best ***friends. So what do you think?
오랫동안 우리가 최고의 친구가 될 거라고 믿었어요. 어떻게 생각해요?

Anna   Lucky me.
제가 영광이죠.

*believe 믿다 **for some time 오랫동안, 한동안 ***friend 친구

141

I feel real lucky.
제가 정말 운이 좋아요.

스스로 판단하기에 자신은 운이 너무 좋다고 할 때 I feel real lucky.라고 합니다. 여기서 real는 비격식으로 사용되어 really처럼 '정말로'의 뜻으로 결국 '제가 정말 운이 좋아요.'의 의미가 되죠.

Doctor   In my opinion, you're lucky to be sitting here today.
제 의견으로 볼 때, 당신은 운이 좋아 오늘 이곳에 앉아있는 거예요.

Carroll   Well, I feel real lucky.
흠, 제가 정말 운이 좋네요.

142

That was just luck.
그냥 운이 좋았어요.

그냥 운이 좋아서 결과가 좋았다고 할 때 That was just luck.처럼 표현해요. 명사 luck은 '운'으로 '그냥 운이 좋았어요.'의 뜻이 됩니다.

Iris   Just think what I would've missed.
내가 뭘 놓쳤었는지 그냥 생각했어.

Roy   That was just luck.
그냥 운이 좋았어.

143

That is bad luck.
불운이에요, 운이 안 좋네요.

좋지 않은 일이 생기면 That is bad luck.처럼 말하게 됩니다. '불운이에요.' 또는 '운이 안 좋네요.'가 되죠. 명사 luck은 '운'을 뜻합니다.

Alexio   My engine is not *working.
제 엔진이 작동 안 되고 있어요.

Young Bill   Oh! Oh, that is bad luck.
오! 오, 운이 안 좋네요.

*work 일하다, 작동하다

Tomorrow is another day.
내일은 더 좋을 거예요.

오늘이 아무리 힘들고 고달픈 하루였다고 생각 들지라도 내일은 오늘 보다 더 좋을 거라고 믿고 싶을 때 Tomorrow is another day.처럼 말하죠. 의미는 '내일은 더 좋을 거예요.'입니다.

Judy   Tomorrow's another day.
내일은 더 좋을 거야.

Kudu   Yeah, but it might be *worse!
응, 하지만 더 나빠질 수도 있어!

*worse 더 안 좋은, 더 나쁜

Review Quiz

076 행운을 빌어요.

_____ luck.

077 잘해요, 행운을 빌어요.

Break a _____.

078 제가 운이 좋네요.

_____ me.

079 그냥 운이 좋았어요.

That was _____ luck.

080 내일은 더 좋을 거예요.

Tomorrow is _____ day.

076 Good 077 leg 078 Lucky 079 just 080 another

77

사과

사과하고 싶을 때

●SCENE 자신의 잘못을 시인하고 사과할 때 사과에도 정도가 있기 마련입니다. 단순히 '미안해요.'
보다는 '정말 미안해요.'하고 말하면 왠지 그 말에 진심이 더 느껴지게 되죠.

145

Sorry.
미안해요.

본의 아니게 실수를 하게 되면 사과하게 되죠. 행동이든 말이든....,
사죄의 뜻을 나타내어 Sorry.처럼 말하면 '미안해요.'라는 뜻입니다.

Hans	Can I say something *crazy? Will you **marry me?
	말도 안 되는 소리해도 될까요'? 나와 결혼해 줄래요'?
Anna	Can I just say something even crazier? Yes. Oops! Pardon. Sorry.
	더 말도 안 되는 소리해도 돼요? 네. 아차! 죄송해요. 미안해요.

*crazy 미친 **marry 결혼하다

146

I'm so sorry.
너무 미안해요.

자신의 실수나 잘못에 사과할 때 I'm so sorry.처럼 표현하면 '너무 미안해요.'로 부사 so는
'아주', '매우' 또는 '몹시'의 뜻입니다.

Buster	What do you mean you gotta *leave now?
	지금 가야 한다는 게 무슨 뜻이야?
Johnny	I know. I'm so sorry. It's just that I've got this **family business thing.
	알아요. 너무 미안해요. 그게 별일 아니고 가족 문제가 있어서 그래요.

*leave 떠나다, 두다 **family 가족

147

I'm really sorry.
정말 죄송해요.

부사 really를 넣어 I'm really sorry.하고 말하면 '정말 죄송해요.'로 여기서 really는 '정말로'라는 뜻입니다. 때로는 really 대신에 terribly를 넣어 표현하기도 하죠.

Mrs. Beck	I'm well. I can't say that I'm that impressed with your punctuality, though. 잘 지내요. 당신 시간 엄수에 그렇게 크게 감명 받지는 않는군요.
Fred	Yeah, I have half a dozen excuses. But I'm just going to go with a straight apology. I'm really, really sorry. 네, 핑계 거리는 여러 있지만 그냥 단도직입적으로 사과할게요. 정말, 정말 미안해요.

148

I'm well and truly sorry.
너무 죄송해요.

사과의 말로 I'm well and truly sorry.는 '너무 죄송해요.'의 의미입니다. 숙어로 well and truly는 '완전히'라는 뜻이죠.

Will	I'm well and truly sorry. 너무 미안해.
Breeze	Well, I'm sorry, too. 글쎄, 나도 미안해.

149

I'm wicked sorry.
정말 죄송해요.

사과를 할 때 I'm sorry.하고 말하지만 때로는 wicked(심히게)를 활용해서 I'm wicked sorry.처럼 표현하면 '정말 죄송해요.'의 뜻이 됩니다.

Hagan	This is church property. Get that cow out of here. 이곳은 교회 소유지요. 저 소 여기서 치워요.
Geary	I'm, I'm wicked sorry, Father Hagan. It won't happen again, I swear to God. 정말 죄송합니다, 헤이건 신부님. 다시는 그런 일 없을 거예요. 맹세합니다.

79

영화 [Notting Hill] 중에서

I'm sorry about that.
그 점에 대해 사과합니다.

잘못한 일에 사과할 때 I'm sorry about that.하고 말하면 '그 점에 대해 사과합니다.'입니다. 보통 sorry 다음에 전치사 for 또는 about이 나오죠.

William　I'm sorry about that.
　　　　　그 점에 대해 사과합니다.

Anna　No, it's fine.
　　　　아니요, 괜찮아요.

영화 [Frozen 2] 중에서

I'm sorry I left you behind.
당신을 두고 떠나서 미안해요.

누군가를 남기고 떠나야만 했을 때 나중에라도 그 점에 사과하게 됩니다. 영어로 I'm sorry I left you behind.는 '당신을 두고 떠나서 미안해요.'인데요, 숙어로 leave someone behind는 '누군가를 두고 띠나디'입니다.

Anna　I'm sorry I left you behind. I was just so *desperate to **protect her.
　　　당신을 두고 떠나서 미안해요. 그저 필사적으로 언니를 보호하려고 했어요.

Kristoff　I know. I know. It's okay.
　　　　알아요. 나도 알아요. 괜찮아요.

*desperate 절망적인, 필사적인 **protect 보호하다

영화 [The Proposal] 중에서

I owe you an apology.
사과할게요.

잘못한 일이 있으면 사과를 먼저 하는 게 당연합니다. 영어로 I owe you an apology.는 '사과할게요.'로 동사 owe는 '빚을 지다'로 사과에 대한 빚을 지고 있다는 건 상대방에게 미안한 마음을 가지고 있다는 것이죠.

Joe　The point is I owe you an apology.
　　　요점은 너에게 사과를 하고 싶구나.

Andrew　*Accepted.
　　　　받아들일게요.

*accept 수락하다, 받아들이다

153

Sorry to wake you.
깨워서 죄송해요.

곤히 자고 있는 사람을 깨웠을 때 Sorry to wake up.하고 사과 한마디를 건네게 되는데요, 의미는 '깨워서 죄송해요.'로 동사 wake는 '깨다', '일어나다'입니다.

Christie   Sorry to wake you. I... There's just nobody else around and I didn't know who else to call.
깨워서 죄송해요. 주위에 아무도 없고 그 밖에 누구에게 전화해야 할지 몰랐어요.

Ray   No, you *did the right thing, Christie.
아니, 옳은 일을 한 거야, 크리스티.

*do the right thing 옳은 일을 하다

Review Quiz

081 미안해요.

_____.

082 정말 죄송해요.

I'm _____ sorry.

083 정말 죄송해요.

I'm _____ sorry.

084 당신을 두고 떠나서 미안해요.

I'm sorry I _____ you behind.

085 깨워서 죄송해요.

Sorry to _____ you.

081 Sorry 082 really 083 wicked 084 left 085 wake

사과

사과에 답변할 때

●SCENE 대수롭지도 않은 일에 대해 누군가가 사과할 때 '괜찮아요.'라든지 '별거 아니에요.'하고 말하며 자신은 그 문제에 크게 개의치 않는다고 하며 상대방을 안심시킬 수 있습니다.

영화 [Love And Monsters] 중에서

154

It's okay.
괜찮아요.

사과하는 사람에게 별 일도 아니니 크게 개의치 말라고 하면서 가볍게 치부할 때 It's okay. 처럼 말합니다. '괜찮아요.'라는 의미예요.

Mavis   I am very sorry, Joel.
정말 미안해요, 조엘.

Joel   No, it's okay, Mavis.
아니, 괜찮아, 메이비스.

영화 [Frozen 2] 중에서

155

It's fine.
괜찮아요.

누군가로부터 사과 한마디를 듣게 되었을 때 It's fine.하고 말한다면 그 의미는 '괜찮아요.' 가 됩니다. 비슷한 뜻으로 That's okay.처럼 표현해도 좋아요.

Man   Hey. Um... I'm *really sorry that.
이봐요. 음... 정말 미안해요.

Kristoff   No, it's fine.
아니요, 괜찮아요.

*really 정말로

156

That's fine.
괜찮아요.

사과에 대한 답변으로 사용되는 말로 That's fine.은 '괜찮아요.'입니다. 아무러치 않다고 치부해버릴 때 That's fine.처럼 말하는데요, 때로는 It's fine.이라고도 합니다.

Sophie	I'm *very sorry.
	정말 죄송해요.
Alex	Yeah, that's fine.
	응, 괜찮아요.

*very 매우

157

Save it.
그만해요, 됐어요.

자신의 잘못에 대해 사과하는 사람에게 그 말은 더 이상 듣고 싶지 않다고 하며 Save it.처럼 말했다면 그 뜻은 '그만해요.', '됐어요.'입니다. 보통 남이 쓸데없는 소리를 늘어놓을 때 사용할 수 있는 표현이죠.

Kate	Look, I am sorry I lied to you.
	저기요, 당신한테 거짓말 했던 것 미안해요.
Davis	Yeah, save it.
	그만합시다.

158

Stop apologizing.
그만 좀 사과해.

누군가로부터 사과의 말을 들었을 때 때로는 Stop apologizing.하고 말하게 되면 그 의미는 '그만 좀 사과해.'입니다.

Mike	I will. Sorry.
	그렇게. 미안해.
Phoebe	Stop apologizing.
	그만 좀 사과해.

159

Don't sweat it.
걱정 말아요, 괜찮아요.

석성하면 때로는 왠시 땀이 나게 됩니다. 동사 sweat는 '띰을 흘리다'지만 구어체에서 '걱정하다'라는 의미도 되죠. 그래서 Don't sweat it.하고 말하면 '걱정 말아요.' 또는 '괜찮아요.'의 뜻으로 쓰입니다.

Griffin I'm so sorry and I'm gonna *reimburse you for everything.
정말 미안하고 내가 모든 거 보상할 게.

Dave Don't sweat it, all right? The **ice sculpture was her mother's idea.
걱정 마, 알겠어? 얼음 조각은 그녀 어머님의 아이디어였어.

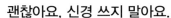

*reimburse 보상하다 **ice sculpture 얼음 조각

160

Think nothing of it.
괜찮아요, 신경 쓰지 말아요.

누군가가 지나칠 성도로 감사 또는 사과를 할 경우 '괜찮아요.', '신경 쓰지 말아요.'처럼 말하면서 크게 개의치 말라고 얘기하게 되죠. 영어로 Think nothing of it.입니다.

Ella I am so sorry.
정말 죄송합니다.

Majesty Think nothing of it, my dear.
괜찮소, 아가씨.

161

(There's) no need to be sorry.
미안해 할 필요가 없어요.

미안하다고 하는 지인에게 때로는 별 일도 아니니 미안해 할 필요는 없다고 한마디 건넬 수 있어요. 영어로 (There's) no need to be sorry.입니다. 의미는 '미안해 할 필요가 없어요.'이죠.

Joel I'm, I'm sorry.
죄송해요.

Clyde No need to be sorry.
미안해 할 필요가 없어.

162

It's me that should be apologizing.
사과해야 할 사람은 접니다.

사과를 해야 할 사람은 상대방이 아닌 바로 자기 자신이라고 할 때
It's me that should be apologizing.처럼 표현합니다. 즉 '사과해야
할 사람은 접니다.'의 뜻이죠.

Lenore	I'm sorry.
	미안해요.
Bryan	**No.** It's me that should be apologizing.
	아니. 사과해야 할 사람은 나야.

Review Quiz

086 괜찮아요.

It's _____.

087 괜찮아요.

_____ fine.

088 그만 좀 사과해.

_____ apologizing.

089 괜찮아요, 신경 쓰지 말아요.

Think _____ of it.

090 사과해야 할 사람은 접니다.

It's me that should be _____.

086 okay 087 That's 088 Stop 089 nothing 090 apologizing

용서

용서나 양해를 구하고 싶을 때

● SCENE 잘못한 점이 있으면 사과하고 용서를 구하게 됩니다. 어쩔 수 없는 상황이라면 누군가에게 먼저 양해를 구하게 되는데요, 이때 필요한 동사들이 bother(성가시게 하다), interrupt (방해하다)입니다.

163

Forget it.
잊어버려요.

자신에게 좋지 않은 일이 벌어졌을 때 마치 아무런 일도 일어나지 않은 것처럼 생각하고 잊어버리라고 누군가가 Forget it.하고 말한다면 그 의미는 '잊어버려요.'입니다.

Roy   I owe you 100.
제가 백 달러 빚졌어요.

Gus   Forget it. Forget it. *Someday you'll **maybe do me a ***favor, eh?
잊어버리게. 잊어버려. 언젠가 자네가 내 부탁을 들어줄 거야, 응?

*someday 언젠가 **maybe 아마도 ***favor 부탁, 호의

164

Sorry to interrupt.
방해해서 미안해요.

뭔가에 집중하고 있는 사람에게 다가가 Sorry to interrupt.하고 말하면 '방해해서 미안해요.'의 뜻입니다. 동사 interrupt는 '방해하다'로 원래는 I'm sorry to interrupt.의 줄임말이에요.

Arroyo   Sorry to interrupt, Mr. Gardner.
방해해서 미안해요, 가드너 선생님.

Joe   You're doing my ears a *favor.
귀 아팠는데 잘됐네요.

*favor 부탁, 호의

Am I intruding?
방해가 됐나요?

갑자기 찾아왔을 때 혹시 상대방에게 방해가 되지 않았는지 궁금해서 하는 말이 Am I intruding?입니다. 뜻은 '방해가 됐나요?'이죠. 동사 intrude는 '방해하다', '침범하다'입니다.

Anya
Hey. Am I intruding?
이봐요. 방해가 됐나요?

Lena
No, not at all.
아니요, 전혀 아니에요.

I'm not intruding?
방해 된 거는 아니죠?

혹시 자신이 방해가 됐는지 안 됐는지 궁금해 I'm not intruding?하고 물어보면 그 의미는 '방해 된 거는 아니죠?'로 동사 intrude는 '방해하다', '침범하다'의 의미예요.

Lenore
I'm not intruding?
방해 된 거는 아니겠죠?

Bryan
No, of course you're not. I was just *preparing dinner. Drink?
아니, 물론 아니야. 그냥 저녁 준비하고 있었어. 술 마시겠소?

*prepare 준비하다

I'm not disturbing you, am I?
방해되진 않았죠, 그렇죠?

뭔가에 집중하고 있는 사람에게 다가가 말을 건네려고 할 때, I'm not disturbing you, am I?하고 말하면 그 뜻은 '방해되지는 않았죠, 그렇죠?'입니다. 동사 disturb는 '방해하다', '훼방 놓다'이에요.

Chad
Hey, I'm not disturbing you, am I?
저기요, 제가 방해되진 않았죠, 그렇죠?

Billy
Not at all. What's up?
응. 무슨 일인데 그래?

168

I'm sorry to bother you again.
또 귀찮게 해서 죄송해요.

어쩔 수 없이 누군가를 성가시게 할 때 상황에 따라서는 I'm sorry to bother you again.처럼 말하게 되죠. 뜻은 '또 귀찮게 해서 죄송해요.'로 동사 bother는 '성가시게 하다'입니다.

Arlene　**I'm sorry to bother you again.** Pete Hansen is here to see you.
또 귀찮게 해서 죄송해요. 피트 한센분이 찾아 오셨어요.

Jenny　Who?
누구라고요?

169

It wasn't your fault.
당신 잘못이 아니었어요.

누군가가 모든 것을 자신의 탓으로만 돌릴 때 It wasn't your fault.처럼 말하며 안심시키게 되는데요, 명사 fault는 '잘못'으로 '당신 잘못이 아니었어요.'의 의미가 됩니다.

Rey　I lost control.
자제력을 잃었어.

Finn　It wasn't your fault.
네 잘못이 아니었잖아.

170

This is all your fault.
이건 모두 당신 잘못이에요.

모든 일이 상대방 잘못으로 발생한 거라고 단정 지어서 말할 때 This is all your fault.하고 말합니다. 명사 fault는 '잘못'이므로 '이건 모두 당신 잘못이에요.'입니다.

Phil　This is all your fault!
이건 모두 당신 잘못이야!

Grug　Oh! Our fault?
오! 우리 잘못이라고?

171

Will you leave us, please?
자리 좀 비켜주시겠어요?

중요한 얘기를 하려고 하는데 옆에 누군가가 있어 그러지 못할 때 Will you leave us, please?처럼 부탁하게 됩니다. 의미는 '자리 좀 비켜주시겠어요?'입니다.

Richard   **Arlene, will you leave us, please?**
알린, 자리 좀 비켜줄래요?

Arlene   **Sorry.**
죄송해요.

Review Quiz

091   잊어버려요.

_____ it.

092   방해가 됐나요?

Am I _____?

093   방해되진 않았죠, 그렇죠?

I'm not _____ you, am I?

094   당신 잘못이 아니었어요.

It wasn't your _____.

095   자리 좀 비켜주시겠어요?

Will you _____ us, please?

091 Forget 092 intruding 093 disturbing 094 fault 095 leave

89

Unit 03

MP3

이런 행동하면 안 돼요!

문제

문제가 뭔지 궁금할 때

● SCENE 대화 도중에 상대방이 평소와는 사뭇 다르게 행동하거나 말한다면 걱정스러운 표정으로 '왜 그래요?', '무슨 일이에요?'하고 묻게 됩니다. 즉 어떤 일로 그런 행동이나 말을 하는 건지 그 속내가 궁금하게 되죠.

172

What is it?

왜 그러시죠? 무슨 일이에요? 그게 뭐예요?

평소와는 사뭇 다른 언행을 하는 동료에게 '무슨 일이에요?'로, 물건을 가리키며 '그게 뭐예요?'로, 누군가가 자신에게 말을 걸어 올 때 '왜 그러시죠?'처럼 상황에 따라 다양한 뜻을 갖는 표현이 바로 What is it?입니다.

Alexi	Talk to you a *sec?
	잠깐 얘기할 수 있을까요?
Lawrence	Yeah. I'm sorry. Excuse me. What is it?
	네. 미안해요. 실례할게요. 무슨 일이야?

*sec(=second) 초, 잠깐

173

What's up?

잘 지내요? 무슨 일이에요? 왜 그래요?

상황에 따라 의미가 달라지는데요, 친한 사이에서 인사 표현으로 '잘 지내요?'로, 평소와는 사뭇 다르게 행동하는 사람에게 '무슨 일이에 요?', '왜 그래요?'의 뜻으로 What's up? 표현이 사용됩니다.

Harris	Whoa, put the light down. What's up?
	워, 손전등 내려놔요. 무슨 일이요?
Robert	I'd like to report a *crime.
	범죄 현장을 신고하고 싶소.

*crime 범죄

174

What's happening?
무슨 일이에요?

주위에서 어떤 일이 벌어지고 있는 느낌이 들 때 궁금해서 What's happening?처럼 물어보기도 합니다. 의미는 '무슨 일이에요?'로 동사 happen는 '발생하다'입니다.

Adele	What's happening? 무슨 일이에요?
Barbara	I have no *idea. 모르겠어요.

*idea 아이디어, 생각

175

What happened?
무슨 일 있었던 거예요?

과거에 어떤 일이 있었는지 알고 싶어 What happened?하고 물어보면 의미는 '무슨 일 있었던 거예요?'입니다. 현재가 아닌 과거 시제에 초점이 맞추어진 거예요.

Go Go	He was such a good man. What happened? 그는 좋은 분이었어. 무슨 일 있었던 거지?
Hiro	I don't know. But the *answer's here somewhere. 모르겠어요. 하지만 여기 어딘가에 해답이 있어요.

*answer 해답, 대답

176

What's going on?
무슨 일이에요? 무슨 일이 벌어지고 있는 거죠?

어떤 일이 주위에서 벌어지고 있다면 궁금한 나머지 '무슨 일이에요?', '무슨 일이 벌어지고 있는 거죠?'하고 묻게 되는데요, What's going on?처럼 표현하죠. 동사 go는 '가다'가 아닌 '진행되다'라는 뜻입니다.

Man	Ace, what's going on? 에이스, 무슨 일이야?
Ace	Go. We're heading east. 가. 우린 동쪽으로 간다.

93

177

What's wrong with her?
그녀한테 무슨 일 있어요?

누군가에게 어떤 문제라도 있는지 궁금해서 묻는 말이 What's wrong with~?입니다. 전치사 with 다음에 궁금한 사람을 넣어 표현하면 되는데요, What's wrong with her?는 '그녀한테 무슨 일 있어요?'의 뜻입니다.

Sarah   What's wrong with her?
그 친구한테 무슨 일 있어?

Dani   I don't know. She's sick *or something.
모르겠어요. 좀 아픈 것 같아요.

*or something ~이든가 뭔가

178

What's the matter with you?
당신 왜 그래요?

평소와는 사뭇 다르게 말하거나 행동하는 상대에게 '당신 왜 그래요?'하고 물어보고 싶을 때 What's the matter with you?처럼 표현하면 됩니다. 명사 matter를 형용사 wrong으로 바꿔 What's wrong with you?라고도 말합니다.

22   What's the matter with you?
왜 그래요?

Joe   I don't know.
모르겠어.

179

Is something wrong?
뭐 잘못됐나요?

상대방의 표정이나 행동을 통해 뭔가 잘못 되어가고 있다고 생각 들면 Is something wrong?(뭐 잘못됐나요?)하고 말 건넬 수 있어요.

Woman   Is something wrong?
뭐 잘못됐나요?

Kyle   I'm *looking for my daughter. Have you seen her **by any chance ***walking by?
제 딸을 찾고 있어요. 혹시 그 애가 지나가는 거 보셨나요?

*look for ~을 찾다 **by any chance 혹시 ***walk by 걸어 지나가다

180

Just tell me what's going on.
무슨 일인지 그냥 내게 말해 봐요.

주위에서 돌아가는 상황을 그냥 자신에게 말해보라고 할 때 Just tell me what's going on.처럼 표현합니다. 의미는 '무슨 일인지 그냥 내게 말해 봐요.'로 go on는 '일어나다'입니다.

Anna   Just tell me what's going on.
무슨 일이지 그냥 내게 말해봐.

Elsa   I woke the *magical spirits at the Enchanted Forest.
마법의 숲에서 마법의 정령들을 깨웠어.

*magical spirit 마법의 정령

Review Quiz

096 왜 그러시죠? 무슨 일이에요? 그게 뭐예요?

What is _____?

097 무슨 일이에요?

What's _____?

098 무슨 일이에요? 무슨 일이 벌어지고 있는 거죠?

What's _____ on?

099 당신 왜 그래요?

What's the _____ with you?

100 무슨 일인지 그냥 내게 말해 봐요.

Just _____ me what's going on.

096 it 097 happening 098 going 099 matter 100 tell

문제

문제에 대해 답변할 때

● SCENE 어려운 문제에 부딪치게 되면 문제 해결을 위해 노력하게 됩니다. 어떨 때는 아무렇지 않은 일처럼 치부하며 넘어가기도 하지만, 때로는 자신의 문제를 얘기한 뒤 적극적으로 도움을 구하는 게 중요해요.

 181

영화 [Abominable] 중에서

Don't worry.
걱정 말아요.

걱정거리로 힘들어 하는 사람에게 '걱정 말아요.'하고 위로의 한마디를 건넬 때 Don't worry.처럼 표현합니다. 동사 worry는 '걱정하다'입니다.

Yi   Don't worry. I will make sure you *get home.
걱정 마. 집에 꼭 가도록 해줄게.

Jin   What are you gonna do?
어쩔 건데?

*get home 귀가하다

 182

영화 [Ghost In The Shell] 중에서

No big deal.
별거 아니에요.

주변 돌아가는 상황이 스스로 판단해 볼 때 아무것도 아닌 것처럼 보이면 '별거 아니에요.'처럼 치부하게 되는데요, No big deal.이라고 합니다. 원래는 It's no big deal.인데 줄여서 No big deal.처럼 말하기도 하죠.

Mira   My name is Major Mira Killian, and I *give my consent to **delete this date.
제 이름은 메이저 미라 킬리언이고 이 데이터 삭제에 동의합니다.

Dr. Dahlin   It's done. No big deal.
됐어. 별거 아냐.

*give consent to ~에 동의하다 **delete 삭제하다

183

It's no big deal.
별거 아니에요.

자신이 한 행동에 대해 상대로부터 지나칠 정도로 과분한 칭찬을 듣게 되면 몸 둘 바를 모르게 됩니다. 이때 '별거 아니에요.'하고 말하려면 It's no big deal.처럼 표현하면 되죠. 줄여서 No big deal.이라고도 해요.

Serena **What happens in five minutes?**
5분후에 무슨 일이 벌어지죠?

Joby It's no big deal. Just *engine failure.
별거 없어요. 그냥 엔진 고장만 날뿐이에요.

*engine failure 엔진 고장

184

It's nothing.
별거 아니에요, 아무것도 아니에요.

감사에 대해 별거 아니니 크게 신경 쓰지 말라고 답변할 때, 자신의 하는 행동에 대해서 크게 개의치 말라고 말할 때 It's nothing.이라고 하죠. '별거 아니에요.', '아무것도 아니에요.'라는 뜻입니다.

Fairy Godmother **Why are you crying?**
왜 울고 있어?

Ella It's nothing.
아무것도 아니에요.

185

It was an accident.
사고였어요.

고의적인 사고가 아닌 우연한 사고일 때 accident를 사용합니다. 즉 It was an accident.는 '사고였어요.'의 뜻이에요. 일부러 그러려고 한 것은 아니라고 할 때 적절하게 사용할 수 있는 표현이죠.

King Elsa, what have you done? This is *getting out of hand!
엘사, 무슨 짓을 한 거야? 이건 해도 너무했어!

Elsa It was an accident. I'm sorry, Anna!
사고였어요. 미안해, 안나야!

*get out of hand 감당할 수 없게 되다

186

I have no choice.
선택의 여지가 없어요.

때로는 자신도 선택의 여지가 없어 어쩔 수밖에 없다고 말하게 될 때가 있어요. 영어로 I have no choice.가 바로 적절한 표현이죠. 의미는 '선택의 여지가 없어요.'입니다.

Tony	Not if you don't leave.
	떠나지 않으면 안 그리울 걸.
Thor	I have no choice.
	선택의 여지가 없잖아.

187

I don't have a problem.
문제없어요.

자신에게는 어떤 문제도 없다고 할 때 네이티브들은 I don't have a problem.처럼 표현합니다. 명사로 problem은 '문제'로 의미는 '문제없어요.'가 되지요.

Phil	What's your problem, big guy?
	문제가 뭐죠, 덩치 큰 양반?
Grug	I don't have a problem.
	문제없어요.

188

We got a problem here.
여기 문제 생겼어요.

지금 자신들에게 어떤 문제가 있다고 할 때 We got a problem here.이라고 하는데요, '여기 문제 생겼어요.'의 의미입니다.

Man	We got a problem here. We need you.
	여기 문제 생겼어요. 당신이 필요해요.
Kayla	Okay. *I'm on my way.
	알았어요. 가는 중이에요.

*be on one's way 길을 떠나다

189

You don't know what you've done.
너 지금 아무 생각 없이 행동했잖아.

자신이 한 행동으로 어떤 나쁜 결과가 초래되었는지 파악조차 못하고 있는 상대방에게 You don't know what you've done.처럼 말하면 그 뜻은 '너 지금 아무 생각 없이 행동했잖아.' 가 됩니다.

Elinor   You don't know what you've done!
          너 지금 아무 생각 없이 행동했잖아!

Merida   Just don't care how I...
          그저 관심 없을 뿐이에요...

Review Quiz

101 걱정 말아요.

Don't _____.

102 별거 아니에요.

It's no _____ deal.

103 사고였어요.

It was an _____.

104 문제없어요.

I don't _____ a problem.

105 너 지금 아무 생각 없이 행동했잖아.

You don't _____ what you've done.

101 worry 102 big 103 accident 104 have 105 know

벌어질 일을 이미 예견하거나 남의 말을 예상했을 때

• SCENE 지금 벌어지고 있는 상황은 자신이 예전에 예견하거나 예상했던 거라고 할 때 사용하는 영어 표현들입니다. 반대로 '그건 예상치 못했어요.'하고 말할 때 적절하게 사용할 수 있는 표현도 있어요.

190

I knew it.
그럴 줄 알았어요.

안 좋은 일이 벌어졌을 때 자신은 놀랍지 않다고 하며 I knew it.처럼 말한다면 그 의미는 '그럴 줄 알았어요.'입니다. 직역하면 '나는 그것을 알았어요.'로 이미 그런 상황을 과거에 예상하고 있었다고 할 때 사용하죠.

Poe   I knew it.
        그럴 줄 알았어.

Finn   No, you did not.
        아니, 예상 못했잖아.

191

I know what your point is.
요점이 뭔지 알아요.

상대방이 얘기를 하지 않아도 무슨 말 하려고 그러는지 자신은 잘 알고 있다고 하며 I know what your point is.처럼 말하면 그 의미는 '요점이 뭔지 알아요.'입니다. 말의 핵심을 정확히 알고 있다는 뜻이죠.

Young Rosie   My point is...
               내 말은...

Young Tanya   I know what your point is.
               요점이 뭔지 알아.

192

I did not see that coming.
그건 예상치도 못했어요.

어떤 일이 벌어질 거라는 것을 전혀 예상하지 못한 상황에서 하는 말이 I did not see that coming.입니다. 직역하면 '그것이 오는 것을 보지 못했어요.'지만 '그건 예상치도 못했어요.'처럼 자연스럽게 의역하면 됩니다.

Merritt I did not see that coming. **That's impossible!**
그건 예상치도 못했어. 불가능해!

Jack **No way.**
말도 안 돼.

193

I didn't see it coming.
그걸 미처 몰랐어요, 이렇게 될 줄 몰랐어요.

글자 그대로 직역하면 '그것이 오고 있는 줄 보지 못했다.'지만 I didn't see it coming.은 '그거 미처 몰랐어요.', '이렇게 될 줄 몰랐어요.'로 자신은 이런 상황을 미처 예상하지 못했다고 할 때 사용합니다.

Iris You liked her, didn't you?
그녀를 좋아했지, 그렇지?

Roy Yes. But I didn't see it coming.
응. 하지만 이렇게 될 줄 몰랐어.

194

I told you.
내가 뭐랬어.

벌어진 일에 대해서 자신은 이미 예견했었다고 할 때 I told you.하고 말합니다. 직역하면 '내가 너에게 말했다.'지만 자연스럽게 의역하면 '내가 뭐랬어.'가 되죠.

Tom I told you, you got this.
내가 뭐랬어. 네가 해치웠어.

Sonic Hey, we got this.
이봐, 우리가 해치운 거야.

195

I was just going to say that.
저도 그 얘길 하려고 했어요.

남이 하려던 말을 자신도 막 하려고 했다고 할 때 I was just going to say that.이라고 합니다. 즉 '저도 그 얘길 하려고 했어요.'입니다.

E.B.'s Dad Carlos, too much marsh, not enough mallow.
칼로스, 마시는 너무 많고, 멜로는 충분치 않아.

Carlos *Exactly, senor, I was just going to say that.
맞아요, 사장님. 저도 그 얘길 하려고 했어요.

*exactly 정확하게

196

I was going to say the same thing.
저도 그 얘기 하려고 했어요.

남이 방금 전에 한 말을 자신도 하려고 했다고 할 때 I was going to say the same thing.처럼 표현합니다. 의미는 '저도 그 얘기 하려고 했어요.'입니다.

Natasha I don't know if I can *trust you.
내가 널 믿을 수 있을지 모르겠어.

Yelena **Funny. I was going to say the same thing.
희한하네. 나도 그 얘기 하려고 했어.

*trust 믿다, 신뢰하다 **funny 웃긴, 희한한

197

Just a hunch.
그냥 예감이 그래, 그냥 느낌이 그래.

자신의 예감이나 느낌을 얘기할 때 명사 hunch(예감)를 사용해서 Just a hunch!처럼 표현하면 그 의미는 '그냥 예감이 그래!' 또는 '그냥 느낌이 그래!'입니다.

Grug We're going to that *mountain. Don't ask me why. Just a hunch. Just, just feel right.
우린 저 산으로 갈 거야. 이유는 묻지 마. 그냥 예감이 그래. 그냥, 그냥 느낌이 좋아.

Ugga I don't know, Grug. We've never **really walked that far.
모르겠어요, 여보. 우리 그렇게 멀리 걸어간 적이 결코 정말 없잖아요.

*mountain 산 **really 정말

198

You had to see this coming.
이런 일 예상했어야만 했어요.

지금 벌어지고 있는 상황을 미리 알고 있었어야만 했었다고 할 때 You had to see this coming.하고 말합니다. '이런 일 예상했어야만 했어요.'의 의미예요.

Griffin   Not your dream guy, I got it.
당신 이상형이 아니지, 알겠어.

Stephanie   You had to see this coming.
이런 일 예상했어야만 했어.

Review Quiz ────────────────────

106   그럴 줄 알았어요.

I _____ it.

107   그건 예상치도 못했어요.

I did not see _____ coming.

108   내가 뭐랬어.

I _____ you.

109   저도 그 얘기 하려고 했어요.

I was going to say the _____ thing.

110   이런 일 예상했어야만 했어요.

You had to see this _____.

106 knew 107 that 108 told 109 same 110 coming

충고

침착하라고 얘기할 때

● SCENE 흥분하면 나도 모르게 자제력을 잃게 되고 우왕좌왕 행동하게 됩니다. 내가 그럴 수도 있고 남이 그런 상황에 놓일 수도 있어요. 이럴 경우 '침착해요.'하고 말하는데 네이티브들은 영어로 어떻게 표현하는지 알아봅시다.

영화 [Sonic : The Hedgehog] 중에서

199

Relax.

진정해요, 침착해요.

어떤 경우에도 성급하게 행동하거나 조급해한다면 일을 망칠 수가 있습니다. 특히 상대방이 그렇게 행동할 때 Relax.처럼 말하면 '진정해요.', '침착해요.'의 뜻이 되지요.

Wade What should I do?
나 어떡해?

Tom Okay, relax.
알았어, 진정해.

영화 [Jurassic World] 중에서

200

Chill.

진정해, 침착해.

흥분하고 있는 사람을 진정시킬 목적으로 '진정해.' 또는 '침착해.'의 뜻으로 네이티브들이 Chill.처럼 표현하는데요, 때로는 Chill out.이라고도 하죠.

Gray Come on.
서둘러.

Zach Dude, chill.
이봐, 진정해.

201

Cool it.
진정해요.

조급해하거나 불안해하는 사람에게 '진정해요.'하고 한마디 하게 되는데요, 영어로는 Cool it.입니다. 덜 흥분된 상태로 행동하라는 뜻으로 Calm down.과 같은 의미로 사용되는 표현이죠.

Beckell　I should've asked her out *or something, you know.
그녀에게 데이트 신청했어야 했는데.

Reeves　Cool it, Beckell.
진정해, 베컬.

*or something ～이든지 뭔지

202

Take it easy.
진정해, 침착해.

누군가가 흥분한 상태라면 잠시 진정하라고 말하게 됩니다. 영어로 Take it easy.를 직역하면 '그것을 편하게 받아들이다.'지만, 결국 흥분하지 말고 진정하라는 말투로 '진정해.', '침착해.'의 뜻으로 쓰입니다.

Thomas　Don't touch me!
날 건들지 마!

Gally　Take it easy. Take it easy! Just relax.
진정해. 진정하라고! 긴장 좀 풀어.

203

Nice and slow.
천천히 해요.

성격이나 행동이 급한 사람에게 '천천히 해요.'라는 뜻으로 Nice and slow.하고 말합니다. 즉 Do it slowly.라는 의미로 Nice and slow.에는 그렇게 하면 본인 스스로에게도 좋다는 속뜻이 담겨 있는 거예요.

Newt　Come on, let's *get him up. Nice and slow.
어서, 걔 좀 일으켜 세워. 살살 해.

Frypan　Okay.
알았어.

*get up 일어나다

204

Slow down.
느긋하게 해, 진정해, (차) 속도 좀 줄여, 천천히 말해.

뭔가를 성급하게 서둘러 하다보면 그르치게 됩니다. 마음에 여유를 갖는 게 중요하죠. 급할 것 없으니 '느긋하게 해.'로 Slow down. 이 쓰입니다. 상황에 따라서는 들떠있는 누군가를 진정시킬 때 '진정해.'로, 과속하는 친구나 동료에게 (차) 속도 좀 줄여.'의 의미로, 빨리 말하는 사람에게 '천천히 말해.'로 사용되기도 하죠.

Elsa Slow down. Anna! Mama! Papa! You're okay, Anna. I got you.
천천히 하자. 안나! 엄마! 아빠! 괜찮아, 안나. 언니가 옆에 있어.

King Elsa, what have you done? This is getting out of hand.
엘사, 무슨 짓을 한 거니? 이거 점점 감당이 안 되는 구나.

205

You need to calm down.
진정해요.

흥분된 상태 때문에 어쩔 술을 모르고 있는 사람에게 You need to calm down.이라고 하면 '진정해요.'의 뜻입니다. 숙어로 calm down은 '진정하다'이죠.

Grace Sarah, you need to calm down.
사라, 진정해요.

Sarah That thing killed John!
저게 잔을 죽였단 말이야!

206

What is the hurry?
급할 게 뭐 있어요?

서두를 게 하나도 없는데 상대방이 자꾸 보챌 때 '급할 게 뭐 있어요?'하고 한마디 하게 됩니다. 영어로는 What is the rush?라고 하죠. 명사 rush는 '분주', '바쁨'을 말합니다.

Perkins What is the hurry?
급할 게 뭐 있어?

Casey We do have to *bank this load before the storm hits, so there's that.
폭풍우가 덮치기 전에 이 짐을 맡겨야 해요. 그렇다니깐요.

*bank 은행에 맡기다

207

Patience is a virtue.
인내는 미덕이에요.

우리 속담에 '참는 자에게 복이 있나니.'가 있어요. 네이티브들은 Patience is a virtue.라고 하죠. '인내는 미덕이에요.'로 명사 patience는 '인내'고 virtue는 '덕', '장점'입니다. 서두르면 일을 망치듯이 (Fools rush in) 인내를 갖고 좀 참아보는 것도 괜찮아요.

Man	Where are you going, man? My man! Hello? 어디 가는 거야? 이봐?
Carl	Don't do it. I'm, I'm coming. Patience is a virtue. 그러지 마요. 지금 가고 있어요. 인내도 미덕이잖아요.

Review Quiz

111 진정해요, 침착해요.

_____.

112 진정해요.

_____ it.

113 천천히 해요.

_____ and slow.

114 진정해요.

You need to _____ down.

115 인내는 미덕이에요.

Patience is a _____.

111 Relax 112 Cool 113 Nice 114 calm 115 virtue

107

충고

충고의 한마디를 건넬 때

●SCENE 대화 도중에 뭔가 따끔하게 충고 한마디를 하는 게 좋겠다고 느껴지면 주저 없이 얘기하는 게 때론 필요합니다. 충고하면 머릿속에서 생각나는 단어가 advice(충고)이죠.

208

Enough.
그만 좀 해, 참을 만큼 참았어.

남의 한 말에 대해 불만이나 격분을 표출할 때 Enough.하고 말합니다. '충분한'이 아닌 '그만 좀 해.', '참을 만큼 참았어.'처럼 사용되는 표현이에요.

Scott	No! You can't do that! No! 아니요! 그럴 순 없어요! 안 돼요!
Hardscrabble	Enough! I want this room cleared now! 그만 좀 해! 이 방을 당장 치워!

209

Pull yourself together.
정신 좀 차려.

좋은 일이나 나쁜 일로 평소와는 사뭇 다른 감정 상태를 보여주는 상대에게 흐트러진 마음을 제대로 추스르라고 말할 때 Pull yourself together.라고 하죠. '정신 좀 차려.'의 뜻입니다.

Logan	Hey, hey. Pull yourself together. It's not over yet. 이봐, 이봐. 정신 좀 차려. 아직 끝난 게 아냐.
Charles	You don't believe that. 자넨 그걸 안 믿잖아.

You can't do it again.
또 그럴 순 없어요.

하지 말아야 할 일을 상대방이 또 한다면 You can't do it again.하고 한마디 하게 되는데요, 의미는 '또 그럴 순 없어요.'입니다.

Suze   Well, I'm *ripping up your **rent check.
응, 네 임대료를 갈기갈기 찢어버릴 거야.

Rebecca   No, Suze, you can't do it again.
안돼, 수즈, 또 그럴 순 없어.

*rip up ~을 갈기갈기 찢다 **rent check 임대료

Stop messing things up.
일 망치지 마.

영어로 Stop messing things up.은 '일 망치지 마.'라는 뜻으로 자동사로 mess는 '망쳐 놓다'예요. 한마디로 무언가를 혼란 상태로 빠트려 놓는 거죠.

Alex   I'm sorry. I *messed up. And I'm going to talk to your father as soon as I get back.
미안해. 내가 망쳤어. 돌아오자마자 아버님께 말씀드려볼게.

Samantha   Stop messing things up, okay?
일 망치지마, 알겠지?

*mess up 망쳐 놓다

Don't tell me what to do.
이래라 저래라 하지 마.

자신의 일도 아닌데 상대방이 자신에게 미치 감 나와라 배 나와라 하며 보챌 때 Don't tell me what to do.처럼 한마디 하게 됩니다. 의미는 '이래라 저래라 하지 마.'입니다.

Casey   Better check your backup power.
예비 전력을 확인해보는 게 더 낫겠어요.

Randy   Yeah, don't tell me what to do.
이래라 저래라 하지 말아요.

109

No matter what the odds.
어떤 역경이 있더라도.

어떤 역경이 있더라도 헤쳐나아가야 한다고 할 때 No matter what the odds. 표현을 사용합니다. 명사 odds는 '문제', '역경'을 뜻하므로 '어떤 역경이 있더라도'라는 의미가 되는 거죠.

Artemis	We do what we do best. We fight and we *survive. No matter what the odds. You got it?
	우리가 가장 잘하는 걸 해. 우린 싸워 살아남는 거야. 어떤 역경이 있더라도. 알겠어?
Marshall	Yes, ma'am.
	알겠습니다, 대장.

*survive 생존하다

Shouldn't you be more careful?
좀 더 조심해야 하지 않겠어요?

조심하지 않고 행동하는 사람에게 좀 더 주의하라고 충고의 한마디를 할 수가 있습니다. 영어로 Shouldn't you be more careful?은 '좀 더 조심해야 하지 않겠어요?'의 의미예요.

Man	Shouldn't you be more careful?
	좀 더 조심해야 하지 않겠어?
Man	Eh, I'm *plenty careful.
	응, 충분히 조심하고 있어.

*plenty 충분하게, 많은

You're grounded.
외출금지야.

보통 자녀들에게 훈계조로 '외출금지야.'하고 말할 때 네이티브들은 You're grounded.처럼 표현합니다. 숙어로 be grounded는 '외출금지를 당하다'입니다.

Eep	You never let me talk.
	아빠는 절대로 제가 말하게 놔두지 않잖아요.
Grug	You're grounded.
	외출금지야.

Review Quiz

116 그만 좀 해, 참을 만큼 참았어.

_____.

117 또 그럴 순 없어요.

You can't do it _____.

118 이래라 저래라 하지 마.

Don't _____ me what to do.

119 좀 더 조심해야 하지 않겠어요?

Shouldn't you be more _____?

120 외출금지야.

You're _____.

116 Enough 117 again 118 tell 119 careful 120 grounded

재촉

뭔가를 재촉할 때

● SCENE 시간은 부족하고 문제는 빨리 해결해야 하고 나도 모르게 재촉하게 되는데 당연합니다. 지금은 느긋하게 기다릴 여유가 없다고 할 때도 재촉하는 말투로 말하게 되죠.

216

영화 [Jumper] 중에서

Make it quick.
서둘러.

숙어로 make it은 '해내다', '(약속 따위를) 정하다'처럼 다양한 뜻으로 사용됩니다. 영어로 Make it quick.를 직역하면 '신속하게 해내다.'지만 뭔가를 빨리 하라고 재촉할 때 '서둘러.'의 의미로 쓰입니다.

David	Is there a bathroom for customers?
	고객용 화장실이 있어요?
Security Guard	Hey. It's this way.
	이봐. 이쪽이야.
David	Yeah.
	네.
Security Guard	Make it quick.
	빨리 빨리 서둘러.

217

영화 [Soul] 중에서

Please, just do it quickly and quietly.
제발, 그냥 신속하고 조용하게 처리해요.

때로는 어떤 일을 남이 모르게 신속하고 조용하게 처리해야만 할 때가 있어요. 영어로 Please, just do it quickly and quietly.하고 말하면 '제발, 그냥 신속하고 조용하게 처리해요.'의 뜻입니다.

Terry	I'll move among the shadows, like a ninja.
	그림자사이로 움직일 거야. 마치 닌자처럼 말이야.
Jerry	Please, just do it quickly and quietly.
	제발, 그냥 신속하고 조용하게 처리해요.

218

Just keep going!
그냥 계속 가요!

가던 길을 그냥 계속 가자고 할 때 Just keep going!이라고 합니다. 보통 keep -ing는 '계속해서 ~하다'로 결국 '그냥 계속 가요!'의 의미인거죠.

Winston   Thomas, Minho, what *the hell are those things?
토마스, 민호, 도대체 저것들이 뭐야?

Thomas   I don't know. Just keep going!
모르겠어. 그냥 계속 가!

*the hell 도대체

219

Can you go any faster?
좀 더 빨리 가줄래요?

차로 이동하는 중에 약속 시간에 늦을 것 같으면 운전하는 사람에게 Can you go any faster?하고 재촉 할 수 있어요. 의미는 '좀 더 빨리 가줄래요?'입니다.

Andrea   Roy, I'm sorry. Can you go any faster?
로이, 죄송한데요. 좀 더 빨리 가줄래요?

Roy   I'm sure Nate will *understand.
틀림없이 네이트가 이해 할 거예요.

*understand 이해하다

220

I think you should go faster.
좀 더 빨리 가는 게 좋겠어요.

약속 시간에 좀 늦을 것 같으면 차를 운전하는 사람에게 I think you should go faster.하고 부탁하게 되죠. '좀 더 빨리 가는 게 좋겠어요.'의 의미예요.

Allison   Am I going too fast for you?
제가 과속하고 있는 건가요?

Carl   No. In fact, I think you should go faster.
아니요. 실은, 좀 더 빨리 가는 게 좋겠어요.

221

There is no time.
시간이 없어요.

지금은 어떤 일을 할 시간이 없다고 할 때 There is no time.처럼 표현해요. 유도부사로 시작되는 there is~는 '~이 있다'인데요, There is no time.하고 말하면 그 뜻은 '시간이 없어요.'입니다.

Robert   Amir, start loading the trucks.
아미르, 트럭에 짐 실어.

Amir   Mr. Frederick... there is no time. The storm is *almost upon us.
프레데릭씨... 시간이 없어요. 폭풍이 거의 다가왔어요.

*almost 거의

222

We don't have the time.
우리는 그럴 시간이 없어요.

지금 상황에서는 그렇게 행동할 충분한 시간이 없다고 할 때 We don't have the time.이라고 말합니다. '우리는 그럴 시간이 없어요.' 로 명사 time 앞에 정관사 the가 나왔으므로 특정 시간을 뜻합니다.

Dr. Dahlin   This is gonna take days. I need to run hundreds of potential simulations.
이건 며칠이 걸릴 거야. 수백 가지의 있을 법한 시뮬레이션을 해봐야 돼.

Mira   We don't have the time.
우리는 그럴 시간이 없어요.

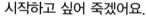

223

I just can't wait to get started.
시작하고 싶어 죽겠어요.

정말 하고 싶은 일이 있으면 도저히 기다릴 수가 없어요. 안달 나게 되는 거죠. 영어로 I just can't wait to get started.는 '시작하는 것을 기다릴 수 없다.'지만 의역하면 '시작하고 싶어 죽겠어요.'입니다.

Randy   Aren't you even a little nervous?
넌 좀 긴장도 안 되니?

Mike   Actually, no. I've been waiting for this my whole life. I just can't wait to get started.
실은, 아니야. 평생 이 순간을 기다려 왔거든. 빨리 시작했으면 좋겠어.

224

We've gotta go before somebody notices we're gone.
우리가 사라진 걸 누군가 눈치채기 전에 가야 해요.

자신들이 없어졌다는 걸 누군가가 알아차리기 전에 가야 한다고 할 때 We've gotta go before somebody notices we're gone.이라고 합니다. 즉 '우리가 사라진 걸 누군가 눈치채기 전에 가야 해요.'의 뜻입니다.

Aris   **Come on.** We've gotta go before somebody notices we're gone.
서둘러. 우리가 사라진 걸 누군가 눈치채기 전에 가야 해.

Thomas   Why did you show me this?
왜 이걸 내게 보여줬던 거지?

Review Quiz

121 서둘러.

Make it _____.

122 그냥 계속 가요!

Just _____ going!

123 좀 더 빨리 가는 게 좋겠어요.

I think you _____ go faster.

124 우리는 그럴 시간이 없어요.

We don't _____ the time.

125 우리가 사라진 걸 누군가 눈치채기 전에 가야 해요.

We've gotta go before somebody _____ we're gone.

121 quick 122 keep 123 should 124 have 125 notices

Unit 04

MP3

참 잘했어요!

칭찬

누군가를 칭찬할 때

●SCENE 누군가에게 잘한 일에 대해 칭찬 어조로 '잘했어요.'라든지 '수고했어요.'처럼 말하고 싶을 때 영어로 어떻게 표현하면 좋을까요? 다음 표현들을 익혀 유용하게 활용해보세요.

영화 [Sing] 중에서

225

Way to go.
잘했어요.

직역하면 '가는 길', 왠지 의미를 쉽게 파악힐 수 없을 겁니다. 어떤 일을 하던 제대로 해야 일이 쉽게 풀립니다. 동사 go는 '가다'지만 '진행되다'라는 뜻도 있습니다. 누군가를 칭찬할 때 '잘했어요.'의 뜻으로 Way to go.의 표현을 사용하죠.

Meena's Grandmother	Way to go, Meena!
	잘했어, 미나!
Meena's Mom	Oh, Meena, we love you.
	오, 미나, 우린 널 사랑한다.

영화 [Big Hero 6] 중에서

226

You did it.
해냈군요.

어려운 일을 상대방이 잘 처리했을 때 우린 '해냈군요.'하고 말하게 되는데요, 네이티브들은 간단하게 You did it.처럼 표현해요.

Honey Lemon	You did it!
	해냈군!
Go Go	Not bad!
	나쁘진 않군!

227

You're doing a great job.

아주 잘하고 있어요.

칭찬의 뜻으로 사용되는 표현이 다양합니다. 그 중에 You're doing a great job.은 '아주 잘하고 있어요.'로 직역하면 '당신은 훌륭한 일을 하고 있어요.'지만 자연스럽게 의역하면 '아주 잘하고 있어요.'가 되죠.

Harry And I'm gonna make sure it gets to my *daughter, safe and sound.
그리고 이게 딸에게 아무 탈 없이 전달될지 꼭 확인할 거야.

Travis Yeah, well, you're doing a great job **so far.
응, 어, 지금까지는 아주 잘하고 있어.

*daughter 딸 **so far 지금까지는

228

You've done well.

아주 잘했어요.

자신이 바라는 대로 상대방이 일처리 했다면 당연히 칭찬하게 됩니다. 영어로 You've done well.은 '아주 잘했어요.'의 의미예요.

Hallett You've done well.
아주 잘했네.

Phineas Thank you.
고맙습니다.

229

I'm impressed.

깜짝 놀랐어요.

상대방의 능력이나 언변등을 칭찬할 때 I'm impressed.처럼 말합니다. 타동사 impress는 '감동시키다'지만 구어체에서는 '깜짝 놀라다'라는 뜻으로 쓰이므로 결국 I'm impressed는 '깜짝 놀랐어.'의 의미죠.

Hush Check it out.
이것 좀 보세요.

Ray That's good. Very smart. Did you do this all *by yourself? I'm impressed. Genius.
좋은데. 매우 영리해. 자네 혼자서 이걸 다 한 거야? 놀랍군. 천재구만.

*by oneself 혼자서

230

Good for you.
잘했어요.

일 처리를 잘했다면 칭찬하게 되죠. Good for you.예요. '잘했어.'라 는 뜻으로 상대방의 행동이나 결정을 격려하며 칭찬하고자 할 때 사 용하는 표현이에요.

Henley   I saw all your *anonymous posting on my website.
내 웹사이트에서 네 익명의 댓글을 모두 봤단 말이야.

J. Daniel   You have a website. That's good. Good for you! Get the word out.
웹사이트 있다고. 잘됐네. 잘했어! 소문을 퍼트려봐.

*anonymous 익명의

231

Good work.
잘했어요, 수고했어요.

누군가를 칭찬하는 말이 정말 다양합니다. 그 중에 하나 Good work.은 '잘했어요.', '수고했 어요.'라는 뜻으로 쓰이는 표현입니다.

Ray   Good work.
수고했어.

Jerry   Thanks.
고맙습니다.

232

Great work.
정말 잘했어요.

칭찬의 의미로 사용하는 말 Great work.을 직역하면 '훌륭한 일'이지만 보통 '정말 잘했어 요.'의 뜻으로 쓰입니다. 물론 You did a great work.처럼 표현하기도 하죠.

Bradley   Coop. Great work. What a job. Super Cooper. Really *amazing.
쿱. 정말 잘했어요. 힘든 일이었어요. 대단한 쿠퍼. 정말 놀라워요.

Susan   Thanks.
고마워요.

*amazing 놀라운, 대단한

That's the spirit.
바로 그런 자세예요.

상대방의 마음가짐을 칭찬할 때 That's the spirit.처럼 표현하면 '그게 그 정신입니다.'처럼
의미가 확 와 닿지 않지만 이 말은 '바로 그런 자세예요.'라는 뜻입니다.

Tim I wanna help. What do you want me to do?
돕고 싶어. 내가 뭐하면 되지?

Tina That's the spirit, Daddy. You are *exactly who I need.
바로 그런 자세예요, 아빠. 아빠는 제가 필요한 바로 그분이에요.

*exactly 정확하게

Review Quiz

126 잘했어요.

_____ to go.

127 아주 잘하고 있어요.

You're doing a _____ job.

128 깜짝 놀랐어요.

I'm _____.

129 잘했어요, 수고했어요.

Good _____.

130 바로 그런 자세예요.

That's the _____.

126 Way 127 great 128 impressed 129 work 130 spirit

격려

누군가를 격려할 때

● SCENE 도무지 혼자서는 감당하기 어려운 상황에 놓이게 되면 그만 포기하고 싶어지는 게 사람 마음입니다. 상대방이 그런 모습을 보이면 포기하지 말라고 격려의 한마디를 건네게 되죠.

 234

You gave it your best.
당신은 최선을 다했어요.

최선을 다했지만 결과가 좋지 않을 때 격려의 말로 You gave it your best.처럼 얘기하기도 합니다. 의미는 '당신은 최선을 다했어요.'입니다.

Raya   Hey, don't *beat yourself up too much, Chief Benja. You gave it your best.
너무 자책하지 마세요, 벤자 족장님. 최선을 다하셨잖아요.

Benja   I won't.
안 그럴 거야.

*beat oneself up 자신을 자책하다

 235

You'll make it.
당신은 해낼 거예요.

어떤 일을 반드시 해낼 수 있다고 격려의 한마디를 남기고 싶을 때 You'll make it.이라고 합니다. 숙어로 make it은 '성공하다', '해내다'이므로 '당신은 해낼 거예요.'가 되지요.

Grace   I need to protect your commander.
당신 사령관님을 보호해야 돼요.

Woman   The commander is safe, thanks to you. Don't worry, soldier. You'll make it.
자네 덕택으로 사령관님은 안전해. 걱정 마, 병사. 넌 해낼 거야.

236

We're gonna make it.
우린 해낼 거예요.

영어로 We're gonna make it.은 '우린 해낼 거예요.'로 스스로 판단하기에 뭔가를 해낼 수 있을 것 같을 때 make it을 사용하는데요, 바라던 일을 해내거나 성공할 때 이 표현을 씁니다.

Wasabi	We're not gonna make it.
	우린 못해낼 거야.
Honey Lemon	We're gonna make it.
	우린 해낼 거야.

237

I did the right thing.
옳은 일을 했어요.

자신에게 하는 말로 I did the right thing.은 '옳은 일을 했어요.'입니다. 뭔가 잘못한 것 같다고 생각하는 사람에게 그렇지 않다고 하며 I did the right thing.하고 말할 수가 있어요.

Owen	I did the right thing.
	옳은 일을 했어.
Connor	If you did the right thing, then why are you so scared?
	옳은 일을 하셨다면, 왜 그렇게 겁내시는 거죠?

238

That's good to know.
그렇다니 기쁘네요, 다행이네요.

상대방으로부터 반가운 소식을 듣게 되면 마치 자신의 일처럼 함께 기뻐하잖아요. '그렇다니 기쁘네요.', '다행이네요.'의 뜻으로 That's good to know.처럼 표현합니다. 원래 이 말은 It's good to know that.(그걸 알게 되어 기쁘다)으로 that을 앞으로 도치 시킨 거예요.

Marty	Don't worry, I'm fine, I'm fine. Look at me. I'm fine.
	걱정 마, 괜찮아, 괜찮다니깐. 날 좀 봐봐. 나 괜찮아.
Alex	You're fine? Oh, he's fine. Oh, great. You hear that? Marty's fine. That's good to know.
	괜찮다고? 오, 괜찮은데. 오, 좋았어. 들었지? 마티는 괜찮아. 그렇다면 다행이야.

239

Cheer up.
기운 내요.

풀 죽어 있는 사람에게 기운 내라고 한마디 하고 싶을 때 간단하게 Cheer up.하고 말합니다. 의미는 '기운 내요.'입니다.

Belle   I've lost my father, my *dreams, everything.
아빠도, 내 꿈도, 모든 걸 잃어버렸어요.

Mrs. Potts   Cheer up, child. It'll **turn out all right in the end.
기운 내, 얘야. 결국엔 잘 될 거야.

*dream 꿈 **turn out 나타나다, 밝혀지다

240

Nothing is impossible.
불가능한 것은 없어요.

어떤 힘든 일이라도 끝까지 참고 견디면서 하다 보면 이루어 낼 수 있습니다. 격려의 말로 Nothing is impossible.처럼 표현하면 그 의미는 '불가능한 것은 없어요.'입니다.

Rey   I'm starting to think it isn't possible... to hear voices of the Jedi who came before.
전에 왔던 제다이 목소리를 듣는 게 불가능하다는 생각이 들기 시작해요.

Leia   Nothing is impossible.
불가능한 건 없어.

241

Just be yourself.
자연스럽게 행동해요, 평소 모습대로 해요.

평소에 익숙하지 않은 파티나 모임에 초대받게 되면 왠지 낯선 느낌이 들게 마련이죠. 이때 함께 한 동료나 친구로부터 Just be yourself.라는 말을 듣게 되면 의미는 '자연스럽게 행동해요.', '평소 모습대로 해요.'입니다.

Rebecca   OK, what *am I supposed to do?
알았어요, 난 뭘 하면 되는 거죠?

Luke   Just be yourself.
자연스럽게 행동해요.

*be supposed to ~하기로 되어있다

242

Take all the time you need.
천천히 생각해 봐요, 천천히 하세요.

영어로 Take all the time you need.를 직역하면 '당신이 필요한 모든 시간을 취해라.'예요. 그만큼 충분한 시간을 가지고 신중하게 생각하거나 행동해보라는 뜻이죠. 즉 '천천히 생각해 봐요.', '천천히 하세요.'로 모든지 너무 서두르면 망치게 됩니다.

Carl   I'll meet you at the van *in just a minute. I want to **say one last goodbye to the old place.
잠시 후에 짐차에서 보자고. 옛 집에 마지막 작별을 고하고 싶어서 그래.

Man   Sure. Take all the time you need, sir.
알겠습니다. 천천히 하세요, 어르신.

*in a minute 잠시 후에 **say goodbye to ~에게 작별인사를 하다

Review Quiz

131 당신은 최선을 다했어요.

You _____ it your best.

132 우린 해낼 거예요.

We're gonna _____ it.

133 그렇다니 기쁘네요. 다행이네요.

That's _____ to know.

134 불가능한 것은 없어요.

Nothing is _____.

135 천천히 생각해 봐요, 천천히 하세요.

Take all the time you _____.

131 gave 132 make 133 good 134 impossible 135 need

SCENE 15

도움

도움이 필요할 때

●SCENE 가끔은 남의 도움이 필요할 때가 있어요. 혼자서 해결 못하는 문제에 직면하면 더욱 그렇죠. 물질적으로나 정신적으로 도움을 받게 되는데요, 내가 상대방을 도와줄 수도 있고 상대방이 자신을 도와줄 수도 있어요.

243

영화 [Frozen 2] 중에서

Help me up.

나 좀 올려줘, 나 좀 일으켜줘.

영어로 Help me up.은 상황에 따라 해석이 좀 달라집니다. 어딘가를 올라 갈 때 '나 좀 올려줘.'지만 넘어진 상태에서 '나 좀 일으켜줘.'하고 말할 때도 Help me up.처럼 표현하죠.

Anna   Help me up!
         나 좀 올려줘.

Kristoff   We'll meet you around!
            조만간에 봐.

244

영화 [Frozen 2] 중에서

Let me help you.

제가 도와줄게요.

사역동사 let을 활용해서 Let me help you.하고 말하면 그 의미는 '제가 도와줄게요.'입니다. 보통 let으로 시작하면 상대방에게 먼저 허락을 받고 싶을 때를 말하는 거예요.

Anna   Don't do this alone. Let me help you, please. I can't lose you, Elsa.
         혼자서 이 일 하지 마. 내가 도와줄게. 제발. 언니를 잃기 싫어.

Elsa   I can't lose you either, Anna.
         나도 널 잃기 싫어, 안나.

245

I could use some help.
도움이 좀 필요해요.

뭔가가 필요하면 즉시 누군가에게 도움을 요청하게 되는데요. 구어체에서는 I could use+명사.처럼 조동사 can 또는 could 다음에 동사 use를 넣어 표현하면 '사용할 수 있다'가 아닌 '필요하다'의 뜻입니다. 그러므로 I could use some help.는 '도움이 좀 필요해요.'가 되지요.

Gally Day one, Greenie. Rise and shine.
첫날이야. 그리니. 어서 일어나.

Man I could use some help in the *kitchen.
부엌일을 하려면 난 도움이 좀 필요해.

*kitchen 부엌

246

We're trying to help you.
우리는 당신을 도우려고 하는 거예요.

자신들은 도움을 주려고 하는 거라고 할 때 We're trying to help you.처럼 말합니다. 숙어로 be trying to는 '~하려고 애쓰다'이므로 '우리는 당신을 도우려고 하는 거예요.'의 뜻이 되지요.

Maude What is going on up there?
위에서 무슨 일이 벌어지고 있는 거죠?

Reeves Miss Garrett, we're trying to help you.
개릿양. 우린 당신을 도우려고 하는 거야.

247

Why don't you go and help your mother?
가서 엄마를 돕는 게 어때?

뭔가를 제안할 때 자주 사용되는 패턴이 Why don't you~?(~하는 게 어때요?)인데요. 이를 활용해서 Why don't you go and help your mother?하고 말하면 그 뜻은 '가서 엄마를 돕는 게 어때?'입니다.

Carl Mateo, why don't you go and help your mother?
마테오, 가서 엄마를 돕는 게 어때?

Mateo Sure, Dad. I'm on it.
알았어요. 아빠. 그렇게 할게요.

127

248

Why are you helping us?
왜 우리를 돕는 거예요?

어떤 이유 때문에 자신들을 돕는 건지 궁금해 Why are you helping us?하고 묻게 되는데요, 뜻은 '왜 우리를 돕는 거예요?'입니다.

Finn   Why are you helping us?
왜 우리를 돕는 거지?

Hux   I don't *care if you win. I need Kyle Ren to lose.
당신들이 승리를 하던 난 관심 없어. 카일로 렌이 패배했으면 해.

*care 신경 쓰다, 관심을 갖다

249

What can I do for you?
뭘 도와드릴까요?

도움을 요청하는 사람에게 What can I do for you?하고 말하면 '당신을 위해 내가 뭘 할 수 있을까요?'가 직역이고 자연스럽게 의역하면 '뭘 도와드릴까요?'가 됩니다.

Carl   What can I do for you?
뭘 도와드릴까요?

Tillie   I was wondering if you could help me *put up some shelves.
선반을 달아주는 거 도와줄 수 있을지 궁금해서요.

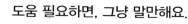

*put up some shelves 선반들을 좀 달아주다

250

If you want help, just say the word.
도움 필요하면, 그냥 말만해요.

혹시 도움이 필요하면 얘기하라고 할 때 네이티브들은 If you want help, just say the word.처럼 표현합니다. 의미는 '도움 필요하면, 그냥 말만해요.'로 숙어로 say the word는 '~하고 싶다고 말하다', '요구하다'입니다.

Breeze   Listen, if you want help, just say the word.
잘 들어요, 도움 필요하면, 그냥 말만해요.

Casey   *Keep low and keep it running.
자세 낮추고 차 시동 걸어놓고 있어요.

*keep low 자세를 낮추다

251

Don't bother.
신경 쓰지 말아요, 일부러 그럴 필요는 없어요.

누군가가 자신을 도와주려고 할 때 Don't bother.하고 말하면 '신경 쓰지 마세요.' 또는 '일부러 그럴 필요는 없어요.'입니다. 타동사로 bother는 '귀찮게 하다'지만 자동사로는 '신경 쓰다', '일부러 ～하다' 라는 뜻이 있어요.

Lucy	Do it now. 지금 해요.
Doctor	Right. I'll just *administer a **local anesthetic. 알았어요. 바로 극소 마취 할게요.
Lucy	Don't bother. 일부러 그럴 필요는 없어요.

*administer 실시하다, 투여하다 **local anesthetic 극소 마취

Review Quiz

136 나 좀 올려줘, 나 좀 일으켜줘.

Help me _____.

137 도움이 좀 필요해요.

I could _____ some help.

138 가서 엄마를 돕는 게 어때?

Why _____ you go and help your mother?

139 뭘 도와드릴까요?

What can I _____ for you?

140 신경 쓰지 말아요, 일부러 그럴 필요는 없어요.

Don't _____.

136 up 137 use 138 don't 139 do 140 bother

615 실전영어회화

Unit 05

MP3

잠깐 얘기 나눌 수 있을까요?

대화 시간

얘기할 시간이 있는지 궁금할 때

●SCENE   잠시 대화를 나누기 전에 누군가에게 자신과 얘기할 시간의 여유가 되는지 먼저 확인해야
합니다. 명사 minute 또는 second가 필요하며 둘 다 '잠깐의 시간'을 뜻해요.

영화 [Confessions Of A Shopaholic] 중에서

252

Got a second?
잠깐 시간 돼요?

정확한 표현으로 Have you got a second?처럼 말해야겠지만 네이티브들은 have you를
생략하고 Got a second?하고 말하기도 합니다. 의미는 '잠깐 시간 돼요?'예요. 명사 sec-
ond는 '초'지만 '순간'의 의미로도 쓰이죠.

Man   **Luke. Got a second?**
         루크. 잠깐 시간 돼?

Luke   **Yeah. Sure.**
         네. 물론이죠.

영화 [Notting Hill] 중에서

253

Have you got a minute?
잠깐 시간 돼요?

누군가와 하고 싶은 말이 있으면 먼저 Have you got a minute?하고 물어보게 됩니다. 직
역하면 '일 분 가지고 있어요?'지만 여기서 a minute는 '잠깐'의 뜻으로 '잠깐 시간 돼요?'
의 의미지요.

Karen   **Have you got a minute?**
         잠깐 시간 돼요?

William **No.**
         아니요.

254

Could I have a second?
잠깐 시간 돼요?

혹시 할 말이 있을 때 상대방에게 얘기 나눌 시간이 있는지 먼저 묻게 됩니다. 영어로 Could I have a second?는 '잠깐 시간 돼요?'로 a second는 '잠깐의 시간'을 뜻합니다.

Freddie Before you *leave, could I have a second?
떠나기 전에, 잠깐 시간 돼?

Roger Yeah. What's up?
응. 무슨 일인데?

*leave 떠나다, 남기다

255

Can we have a moment?
잠깐 시간 내줄래요?

잠시 대화의 시간이 필요할 때 '잠깐 시간 내줄래요'처럼 말하며 양해를 구하게 됩니다. 영어로는 Can we have a moment?이에요.

Stone Did we get them? No, there they are. They are real *survivors, those two.
그들 잡았나요? 아니. 저기 있네요. 그들은 진정한 생존자들이네요, 저 둘 다.

Dr. Robotnik Can we have a moment?
잠깐 시간 내주겠나?

*survivor 생존자

256

Can I talk to you for a second?
잠시 얘기 나눌 수 있을까요?

잠시 누군가와 할 얘기가 있을 때 먼저 Can I talk to you for a second?하고 상대방에게 양해를 구하게 되는데요, '잠시 얘기 나눌 수 있을까요?'로 여기서 for a second는 '잠시', '잠깐'을 말해요.

Erica Larry, can, um, can I talk to you for a second?
래리, 잠시 얘기 나눌 수 있어요?

Larry Am I in trouble?
내가 곤란한 상황에 빠진 거야?

257

Can I speak to you for one second?
잠깐 얘기 나눌 수 있을까요?

상대방에게 중요한 할 말이 있을 때 먼저 Can I speak to you for one second?하고 말하게 되는데요. 숙어로 for one second는 '잠시', '잠깐'으로 '잠깐 얘기 나눌 수 있을까요?'의 의미입니다.

Jack   Can I speak to you for one second?
잠깐 얘기 나눌 수 있을까?

Joy   Of course.
물론이죠.

258

Could I speak to you a second?
잠깐 얘기할 수 있을까요?

원래는 Could I speak to you for a second?인데요. 상황에 따라서는 for를 생략하고 Could I speak to you a second?처럼 줄여 말하기도 하죠. 의미는 '잠깐 얘기할 수 있을까요?'입니다. 명사 second에 '잠깐의 시간'의 뜻이 있어요.

Allegra   Could I speak to you a second?
잠깐 얘기할 수 있을까요?

Alex   *Answer the door, Albert.
문 열어요, 알렉스.

*answer the door 문 열다

259

Come in here a minute.
잠깐 이리 와 봐요.

누군가와 잠시 대화를 나누고 싶을 때 때로는 Come in here a minute. 하고 말하기도 합니다. 의미는 '잠깐 이리 와 봐요.'입니다.

Pop   Hey, Roy. Roy, come in here a minute.
이봐, 로이. 로이, 잠깐 이리 와 봐.

Roy   What's up?
무슨 일이죠?

260

I won't take your time.
시간 안 뺏을게요.

누군가와 대화하기 전에 I won't take your time.하고 말하면 '시간 안 뺏을게요.'로 묻고 싶은 말이 그다지 많지 않다는 것을 넌지시 보여주는 겁니다.

Carl   This is Ms. May, with the hotel. Wanted to *have a quick word with you.
이쪽은 호텔에 근무하는 메이야. 자네들과 잠깐 얘기 나누길 원했어.

May   I won't take your time, gentlemen.
시간 안 뺏을게요.

*have a quick word with ~와 잠깐 얘기를 나누다

Review Quiz

141 잠깐 시간 돼요?

Got a _____?

142 잠깐 시간 돼요?

Could I have a _____?

143 잠시 얘기 나눌 수 있을까요?

Can I _____ to you for a second?

144 잠깐 얘기할 수 있을까요?

Could I speak _____ you a second?

145 잠깐 이리 와 봐요.

Come _____ here a minute.

141 second 142 second 143 talk 144 to 145 in

누군가와 대화를 하고 싶을 때

● SCENE   뭔가 꼭 전할 말이 있어 잠깐이라도 얘기하고 싶다면 주저 없이 상대방에게 자신의 의사를 표현해야 합니다. 숙어로 have a word는 '~와 잠시 이야기를 나누다'로 네이티브들이 자주 사용하는 표현이에요.

261

영화 [Bolt] 중에서

I have got some good news.
좋은 소식이 좀 있어요.

누군가와 대화를 나누기 전에 I have got some good news.하고 말하면 왠지 상대방이 먼저 관심을 보이게 됩니다. 뜻은 '좋은 소식이 좀 있어요.'이에요.

Penny's Dad	I have got some good news. 좋은 소식이 좀 있어.
Penny	Really? 정말요?
Penny's Dad	Yes, I do. 응

262

영화 [Yesterday] 중에서

We need to talk.
우리 대화 좀 해야겠어요.

누군가와 대화를 하고 싶을 때 때로는 We need to talk.처럼 말하기도 합니다. '우리 대화 좀 해야겠어요.'로 보통 need 다음에 to부정사가 나오기도 하죠.

Jack	I came after you, but I missed the train. I'm sorry. We need to talk. 널 쫓아왔는데, 기차를 놓쳤어. 미안해. 우리 대화 좀 해야겠어.
Ellie	Let's talk. 얘기하자.

263

Let's talk about this.
이것에 대해 얘기 좀 해봅시다.

제안의 뜻으로 사용되는 Let's~ 패턴을 활용해서 Let's talk about this.처럼 표현하면 '이것에 대해 얘기 좀 해봅시다.'입니다. 숙어로 talk about은 '~에 대해 얘기하다'예요.

Yama	*Teach him a lesson.
	저 놈에게 본때 좀 보여줘.
Hiro	Hey, fellas. Let's talk about this.
	이봐요. 이것에 대해 얘기 좀 해봅시다.

*teach ~ a lesson ~에게 본때를 보여주다

264

I have something to tell you.
할 말이 있어요.

누군가에게 할 얘기가 있을 때 I have something to tell you.하고 말합니다. 보통 to부정사인 to tell은 앞에 나온 부정대명사 something을 꾸며주는 역할을 합니다. 의미는 '할 말이 있어요.'예요.

Luke	I have something to tell you.
	할 말이 있어요.
Rebecca	I have something to tell you too.
	저도 할 말이 있어요.

265

I have something really exciting to tell you.
정말 흥미로운 얘기가 있어요.

흥미로운 이야기 거리가 있으면 누군가에 말하고 싶어지는 게 사람 마음입니다. 영어로 I have something really exciting to tell you.는 '정말 흥미로운 얘기가 있어요.'로 really exciting은 something을 꾸며줍니다.

Rosita	I have something really exciting to tell you.
	정말 흥미로운 얘기가 있어.
Norman	Mmm. You make the best pie, honey.
	으음. 최고의 파이를 만드는군.

266

Can I have a word?
잠시 얘기 좀 나눌 수 있을까요?

해외여행을 하던 보면 현지인 또는 다른 여행객과 대화를 잠시 나눌 기회를 갖게 되는데요, 상대방의 의사가 어떤지를 먼저 파악하는 게 중요하죠. Can I have a word?는 '잠시 얘기 좀 나눌 수 있을까요?'로 have a word는 '잠깐 이야기하다'예요.

Gavin   Can I have a word?
잠시 얘기 좀 나눌 수 있을까요?

Erik   Yes, please.
응, 얘기해.

267

May I ask you something?
뭐 좀 여쭤 봐도 될까요?

궁금한 게 있으면 물어보게 되는데요, 이럴 때 상대방의 양해를 먼저 구해야 합니다. 영어로 May I ask you something?은 '뭐 좀 여쭤 봐도 될까요?'입니다.

Jenny   May I ask you something, Mr. Barnum?
뭐 좀 여쭤 봐도 될까요, 바넘씨?

Phineas   Anything.
아무거나 물어보세요.

268

Shoot.
어서 말해봐, 빨리 털어놔.

동사 shoot은 구어체에서 '어서 말해봐.' 또는 '빨리 털어놔.'의 뜻이에요. 하고 싶은 말 빨리 꺼내라는 의미죠.

Bryan   This is an *unexpected **treat.
이건 뜻밖의 대접인데.

Kim   Yeah, I, um, need some advice.
네, 충고가 좀 필요해요.

Bryan   Okay, shoot.
알았어, 어서 말해봐.

*unexpected 예상치 못한 **treat 대접

Review Quiz ──────────────────────────────────

146 좋은 소식이 좀 있어요.

I have _____ some good news.

147 이것에 대해 얘기 좀 해봅시다.

Let's talk _____ this.

148 정말 흥미로운 얘기가 있어요.

I have something really _____ to tell you.

149 잠시 얘기 좀 나눌 수 있을까요?

Can I _____ a word?

150 어서 말해봐, 빨리 털어놔.

_____.

146 got 147 about 148 exciting 149 have 150 Shoot

대화 시작

말의 요점을 묻고 싶을 때

● SCENE   대화 도중에 남이 하는 말의 요점을 정확하게 파악하지 못했다면 궁금해서 다시 묻게 되는데요, 명사 point를 사용하는 경우가 있어요. 여기서 point는 '(말의) 요점'을 뜻하죠.

269

What are you talking about?
무슨 소리예요? 무슨 소리 하는 거죠?

누군가로부터 디무니없는 얘기를 듣게 되면 '무슨 소리예요?'라고 띠지듯이 말하게 되죠. 마치 What are you talking about?처럼 말이에요. 도무지 납득이 안 간다는 속내를 드러내는 겁니다.

Stewardess   Ma'am, we don't have any record of your daughter ever having been on board.
아주머님, 따님이 비행기에 탑승했다는 어떤 기록도 없습니다.

Kyle   What are you talking about?
무슨 소리예요?

270

What are you blathering about?
도대체 뭐라고 쫑알대고 거야?

아무런 생각 없이 상대방이 실없는 말을 늘어놓을 때 하는 말이 What are you blathering about?입니다. 동사 blather는 '실없는 말을 늘어놓다'로 '도대체 뭐라고 쫑알대고 거야?'처럼 자연스럽게 의역할 수 있어요.

Skinner   What are you blathering about?
도대체 뭐라고 쫑알대고 거야?

Linguini   The soup!
수프요!

271

What the hell are you saying?
도대체 무슨 말 하는 거예요?

대화 도중에 상대방이 하는 말의 요점이 뭔지 도무지 감이 안 잡히면 What the hell are you saying?하고 물어보고 싶어지는데요, 숙어로 the hell은 '도대체'로 의미는 '도대체 무슨 말 하는 거예요?'입니다.

Cooper What the hell are you saying?
도대체 무슨 말 하는 거죠?

Prime Minister I don't know.
몰라요.

272

What do you mean?
무슨 뜻이에요? 의도가 뭐예요?

구어체에서 What do you mean?라는 말이 있어요. 상대방 말의 의도나 의미가 뭔지를 묻는 말이죠. 의미는 '무슨 뜻이에요?', '의도가 뭡니까?'입니다.

Millie I think there's something you're not *telling me.
나한테 얘기 안 한 뭔가가 있는 거 같아.

David What do you mean?
무슨 뜻이야?

*tell 말하다

273

What makes you say that?
왜 그런 말 하시죠?

어떤 근거로 그런 말을 하는지 궁금해서 묻는 말이 What makes you say that?입니다. 직역하면 '무엇이 당신으로 하여금 그런 말을 하게 만들죠?'지만 '왜 그런 말 하시죠?'처럼 자연스럽게 의역하면 됩니다.

Beckell Are you a kind of a *plain-type girl, like a school teacher type?
당신은 학교 선생님처럼 평범한 타입의 소녀인가요?

Maude What makes you say that?
왜 그런 말 해?

*plain-type 평범한 타입의

274

What's the point?
요점이 뭐예요? 무슨 말 하려는 거죠?

대화를 하다보면 때로는 상대방이 하려는 말의 요점이 이해 안 될 때가 생기게 되죠. 명사 point를 사용해서 What's the point?처럼 묻게 되는데요. 의미는 '요점이 뭐예요?', '무슨 말 하려는 거죠?'입니다.

David
You live in a cave.
너 동굴에 살잖아.

Griffin
It's called a lair. And what's the point?
비밀 은신처라 불리는 곳이야. 무슨 말 하려는 거지?

David
I'm just saying, you know, we kind of have this common thing.
내 말은, 우린 좀 통하는 게 있어.

275

What is the point of all this?
이 모든 게 무슨 뜻이죠?

상대방이 하는 말의 요점을 도무지 파악할 수 없을 때 What is the point of all this?처럼 물어볼 수 있습니다. 뜻은 '이 모든 게 무슨 뜻이죠?'로 명사 point는 '요지', '요점'을 말해요.

Eep
What is the point of all this?
이 모든 게 무슨 뜻이죠?

Grug
Hmm? What was that?
음? 그게 뭐였더라?

276

Just get to the point.
요점만 말해요.

우리도 상대방과 대화를 하다보면 돌려 말하지 말고 요점만 빨리 말해보라고 말할 때가 있어요. 영어로 Just get to the point.라고 하며 뜻은 '요점만 말해요.'입니다.

Pentecost
Dr. Geiszler. Just get to the point.
게이스즐러 박사. 요점만 말해요.

Dr. Geiszler
Yes. The point is... I don't think they're all *completely **different after all.
네, 요점은... 그들이 완전히 다르다고 생각 안 합니다.

*completely 완벽하게 **different 다른

277

Can you be more specific than that?
그것보다 좀 더 자세히 말해줄래요?

설명이 좀 부족하다고 생각 들면 Can you be more specific than that?하고 부탁하게 되는데요, 의미는 '그것보다 좀 더 자세히 말해줄래요?'입니다. 형용사 specific은 '구체적인'의 뜻이에요.

Maude   I have a visual on something.
그것보다   뭔가가 보여요.

Doron   Can you be more specific than that, sweetheart?
그것보다 좀 더 자세히 말해주시겠소?

Review Quiz

151 무슨 소리예요? 무슨 소리 하는 거죠?

What are you _____ about?

152 도대체 무슨 말 하는 거예요?

What the _____ are you saying?

153 왜 그런 말 하시죠?

What _____ you say that?

154 이 모든 게 무슨 뜻이죠?

What is the point of _____ this?

155 그것보다 좀 더 자세히 말해줄래요?

Can you be more _____ than that?

151 talking 152 hell 153 makes 154 all 155 specific

143

대화 시작

대화 중에 상대방의 말을 제대로 듣지 못했을 때

•SCENE 잠깐 딴생각으로 상대가 하는 말을 제대로 듣지 못했을 때 우린 '뭐라고 하셨죠?'하고 되묻게 됩니다. 네이티브들도 마찬가지인데요, 간단하게 말할 수도 있지만 상황에 따라서는 정중하게 물어봐야 합니다.

278

What?

뭐라고요?

주위의 소음 때문에 누군가가 하는 말이 잘 들리지 않을 때 What? 처럼 말하게 되는데요, 의미는 '뭐라고요?'입니다. 다시 말해 달라는 속뜻이 담겨 있는데 때로는 불쾌하게 들리기도 하죠.

Jack   L.A.P.D! There's a bomb on your bus! There's a bomb on your bus!
로스앤젤레스 경찰국입니다. 당신 버스에 폭탄이 있어요! 당신 버스에 폭탄이 있습니다!

Sam   What?
뭐라고요?

279

Pardon me?

뭐라고요? 네?

남이 하는 얘기를 제대로 듣지 못했을 때 때로는 '뭐라고요?' 또는 '네?'하며 다시 묻게 되는데요, 간단하게 Pardon me?처럼 약간 올려 말하면 됩니다. 물론 I'm sorry?처럼 물어볼 수도 있어요.

Billy   Do you wanna let us in?
우리가 안으로 들어갈까?

Scott   Pardon me?
뭐라고 하셨죠?

280

Excuse me?
뭐라고 하셨죠?

상대방의 말을 제대로 듣지 못할 경우 다시 물어보게 됩니다. Excuse me?처럼 뒤를 올려 말하게 되면 '뭐라고 하셨죠?'라는 뜻이죠. What?처럼 말하기 보다는 Excuse me?처럼 얘기하면 공손한 뉘앙스를 전달하게 돼요.

Phoebe   They attacked him. He was defending himself.
그들이 그를 공격했어요. 자신을 방어하고 있었거든요.

Watts   Excuse me?
뭐라고?

281

Sorry. What did you say?
미안한데요. 뭐라고 하셨죠?

누구의 말을 제대로 듣지 못했을 경우에 '미안한데요. 뭐라고 하셨죠?'하며 되묻게 됩니다. 영어로는 Sorry. What did you say?입니다.

Alex   Sorry. What did you say?
미안한데요. 뭐라고 하셨죠?

Sophie   I don't *remember.
기억이 안 나요.

*remember 기억하다

282

What were you saying?
무슨 말 하고 있었던 거예요?

잠깐 다른 생각으로 상대방이 하고 있는 얘기를 듣지 못했을 때 What were you saying? 하고 되묻게 됩니다. 의미는 '무슨 말 하고 있었던 거예요?'이죠.

Mollie   Just take a rest whenever you get a *chance.
기회가 있을 때마다 그냥 쉬어요.

Ken   Sorry, my love, what were you saying?
미안해, 자기야, 무슨 말 하고 있었던 거야?

*chance 기회

145

283

I'm sorry?

뭐라고 하셨죠? 다시 말씀해 주시겠어요?

상대의 말을 제대로 못 듣게 되면 다시 한 번 말해 달라고 부탁하게 됩니다. 남의 말을 잘 못 들은 것은 본인의 잘못이잖아요. I'm sorry?처럼 뒤를 올려 말하게 되면 '뭐라고 하셨죠?', '다시 말씀해 주시겠어요?'입니다.

Sarah	Do you *remember where Nightshade is?
	나이트세이드가 어디 있는지 기억나세요?
Bailey	I'm sorry, my dear?
	뭐라고요, 아가씨?

*remember 기억하다

284

I'm sorry, what?

미안한데, 뭐라고 했어?

남의 말을 제대로 듣지 못했거나 이해가 되지 않을 때 하는 말로 I'm sorry, what?은 '미안한데, 뭐라고 했어?'의 뜻입니다.

Tom	Okay, pal, out you go.
	알았어, 친구, 내려.
Sonic	I'm sorry, what?
	미안한데, 뭐라고 했어?

285

Am I missing something?

제가 놓친 게 있어요?

대화 도중에 상대방이 하는 말을 제대로 듣지 못했을 경우 Am I missing something?처럼 반문하게 되면 의미는 '제가 놓친 게 있어요?'입니다.

Mindy	Am I missing something?
	제가 놓친 게 있나요?
Director	You're missing everything, Mindy.
	당신은 모든 걸 놓쳤소, 민디.

Could you say all that again?
다시 말씀해주시겠어요?

남이 하는 말을 제대로 이해 못했다면 Could you say all that again?하고 정중하게 부탁하게 되는데요, 의미는 '다시 말씀해주시겠어요?'입니다.

Young Donna Sorry, I didn't understand. Could you say all that again?
미안해요, 이해 못했어요. 다시 말씀해주시겠어요?

Young Harry Wait a second.
잠깐만요.

Review Quiz

156 뭐라고요?

_____?

157 뭐라고 하셨죠?

Excuse _____?

158 무슨 말 하고 있었던 거예요?

What were you _____?

159 미안한데, 뭐라고 했어?

I'm sorry, _____?

160 다시 말씀해주시겠어요?

Could you say all that _____?

156 What 157 me 158 saying 159 what 160 again

대화 시작
무언가 기억이 안 나거나 확신이 들지 않을 때

●SCENE 진진한 대화 속에서 뭔가 잘 기억이 안 나거나 확인이 들지 않을 때는 솔직하게 말하는 용기가 때로는 필요합니다. 마치 아는 것처럼 어물쩍 넘어가는 것보다 더 낫죠.

영화 [Abominable] 중에서

287

I don't know.
모르겠어요.

뭔가를 잘 모르겠다고 얘기할 때 입 밖으로 제일 나오는 말이 I don't know.입니다. I know 의 반대말로 '모르겠어요.'의 뜻이에요.

Peng	What do we do now?
	이제 우리 어떡하지?
Yi	I don't know.
	모르겠어.

영화 [Pixels] 중에서

288

I'm not sure.
잘 모르겠어요.

상대방의 질문에 대해 확실한 답변을 줄 수 없을 때 '잘 모르겠어요.'라고 말하죠. 머릿속에 서는 I don't know.가 바로 떠올라요. 이 말은 좀 퉁명스럽게 들리기 때문에 I'm not sure. 처럼 대답하는 게 더 좋습니다.

Cooper	Our Air Force base in Guam was attacked.
	괌에 있는 공군기지가 공격당했어.
Sam	By who?
	누구한테?
Cooper	I'm not sure. That's what I wanted to ask you.
	잘 모르겠어. 너한테 묻고 싶었던 게 바로 그거야.

289

I have no idea.
모르겠어요.

'모르겠다.'라는 뜻인 I have no idea.에서 명사 idea에는 지식의 뜻이 담겨 있어서 자신의 지식으로는 도무지 알 수가 없다는 의미를 전달하는 겁니다.

Zack Excuse me, Miss? You were sitting next to that guy, the Marshal? You know what's happening?
실례지만, 아가씨? 그 사람, 연방 보안관 옆에 앉아 있었죠? 무슨 일이 벌어지고 있는지 알아요?

Jennifer I have no idea.
모르겠어요.

290

Don't I know it.
그건 몰랐네요.

원래는 I don't know it.인데 여기서 don't를 문장 앞으로 도치시킨 거예요. 전혀 아는 바가 없을 때 Don't I know it.이라고 하죠. 의미는 '그건 몰랐네요.'입니다.

Terry What are you doing here so *early?
이렇게 일찍부터 웬일이야?

Denise It's a beautiful day.
아름다운 날이에요.

Terry Don't I know it.
그건 몰랐네.

*early 일찍

291

It doesn't ring a bell.
기억이 안 나요.

마치 종소리가 울려 알려주듯이 뭔가를 들어본 적이 있을 경우에 네이티브들은 ring a bell을 사용해요. It doesn't ring a bell.이라고 하면 '기억이 안 나요.'로 I don't remember it.처럼 표현하기도 하죠.

Robert Her name's Alina.
그녀 이름은 앨리나예요.

Slavi Alina? No, it doesn't ring a bell.
앨리나? 아니, 기억이 안 나는데.

Who knows?

누가 알겠어요?

세상일이 어떻게 될지는 아무도 모를 때가 있어요. 그만큼 확실한 답변을 주기가 힘들다는 얘기예요. 영어로 Who knows?는 '누가 알겠어요?'의 뜻으로 반어적인 표현입니다.

Cheedo   Do you think there's still somebody out there? Sending shows?
아직도 누군가가 그곳에 있을까요? 쇼를 보내는?

Valkyrie   Who knows?
누가 알겠어?

You never know.

어쩌면, 아마도, 앞일은 모르는 거야.

살다보면 좋은 일도 있고 나쁜 일도 있게 마련입니다. 그만큼 미리 앞날을 예측하기란 쉽지는 않죠. 부정적으로 생각하는 사람에게 혹시나 좋은 일이 있을 줄도 모르잖아! 하고 말하면서 위로할 수 있는 데요, You never know.가 적절한 표현으로 '어쩌면', '아마도', '앞일은 모르는 거야.'라는 뜻입니다.

Natasha   Did you know then what was gonna *happen?
그때 무슨 일이 벌어질지 알고 있었나요?

Nick   You never know.
어쩌면 그럴지도 몰라.

*happen 발생하다

We don't know yet.

아직은 모르겠습니다.

자신들도 아직은 잘 모르겠다고 치부할 때 We don't know yet.이라고 합니다. '아직은 모르겠습니다.'로 부사 yet은 '아직은'의 뜻이에요.

Admiral   What's the target?
표적이 뭐야?

Edwin   We don't know yet.
아직은 모르겠습니다.

295

Not a clue.
짐작 가는 게 없어요, 전혀 모르겠어요.

명사 clue는 '근거', '단서'로 Not a clue.는 어떤 일이 벌어질 만한 근거가 없을 때 '짐작 가는 게 없어요.'나 '전혀 모르겠어요.'의 뜻으로 사용되는 표현이에요.

Beckell　　What is she here for?
　　　　　그녀가 여긴 왜 왔지?

Dorn　　　Not a clue!
　　　　　전혀 모르겠어!

Review Quiz

161 모르겠어요.

I don't _____.

162 모르겠어요.

I have _____ idea.

163 기억이 안 나요.

It doesn't _____ a bell.

164 어쩌면, 아마도, 앞일은 모르는 거야.

You _____ know.

165 짐작 가는 게 없어요, 전혀 모르겠어요.

Not a _____.

161 know 162 no 163 ring 164 never 165 clue

대화 시작

자신의 말에 귀 기울이라고 조언할 때

● SCENE 자신은 진진하게 얘기하고 있는데 상대방은 아무런 일 아닌 것처럼 치부하며 딴청 피운다면 단호하게 자신의 말을 들으라고 얘기하게 됩니다. 동사 listen(귀를 기울이다)가 적절한 단어예요.

296

All right, listen.
알았어요, 잘 들어요.

영어로 All right, listen.처럼 표현하면 그 의미는 '알았어요, 잘 들어요.'가 됩니다.

Connor　　It's not my blood.
　　　　　제 피가 아니에요.

Hannah　　Whose blood is it? All right, listen.
　　　　　그게 누구 피야? 알았어, 잘 들어.

297

Listen up.
잘 들어.

뭔가 중요한 얘기를 언급하고자 할 때 먼저 상대에게 자신이 하는 말에 귀 기울여 들으라고 말하죠. 영어로 Listen up.은 '잘 들어.'의 뜻입니다. 동사 listen은 '(신경 쓰면서) 듣다'예요.

Marcus　　Well, listen up. I want you in school. I want you to stop talking to that boy. And I want you to *promise me that this is never gonna **happen again.
　　　　　자, 잘 들어. 네가 학교에 있길 원해. 그놈이랑 얘기 그만했으면 좋겠어. 그리고 이런 일이 다시는 일어나지 않기를 약속해줬으면 해.

Mindy　　Cross my heart, hope to die.
　　　　　맹세할게요.

*promise 약속하다 **happen 발생하다, 일어나다

298

Just listen to me.
그냥 제 말 들으세요.

자신이 하는 말을 그대로 듣고 행동하라고 할 때 Just listen to me.처럼 네이티브들은 표현 하는데요, '그냥 제 말 들으세요.'가 뜻이 되지요.

Fergus   I'll not *risk losing you, too.
         나도 위험을 감수하면서 널 잃지는 않을 거야.

Merida   No, Dad! Just listen to me.
         안돼요, 아빠! 그냥 제 말 들으세요.

*risk 위험을 무릅쓰다

299

Please listen to me.
제발 내 말 좀 들어봐요.

자동사 listen은 집중해서 듣는다는 뜻으로 자신이 하는 말에 귀를 기울려 들으라고 할 때 Please listen to me.라고 하죠. 의미는 '제발 내 말 좀 들어봐요.'입니다.

Lasseter   Mike. Please listen to me.
           마이크, 제발 내 말 좀 들어.

Mike   All right, lady, enough with that stuff, okay?
           알았어요, 그만 좀 해요, 알겠어요?

300

Are you listening to me?
내 말 듣고 있는 거예요?

자신은 뭔가를 열심히 설명하고 있는데 상대방이 자신의 말에 귀를 기우리지 않는 것처럼 보일 때 Are you listening to me?처럼 묻게 됩니다. 이때는 '내 말 듣고 있는 거예요?'의 뜻이 되죠.

De Luca   Are you listening to me?
          내 말 듣고 있는 거야?

Nicola   I was just testing the camera.
          그냥 카메라 테스트하고 있었어요.

301

I need you to listen to me.
제 말 좀 들어요.

원가 상대방이 해줬으면 할 때 I need you to~ 패턴을 사용하는데요, I need you to listen to me.는 '제 말 좀 들어요.'입니다. 남이 자신의 말을 집중하면서 들었으면 할 때 이 표현을 씁니다.

Larry   I need you to listen to me.
제 말 좀 들어요.

Leslie   Our *esteemed **chairwoman asked for my ***resignation.
존경 받고 있는 의장님이 제 사직을 요구했어요.

*esteemed 존경받고 있는 **chairwoman 여자 의장 ***resignation 사직

302

I'm listening.
듣고 있어요.

대화를 시작할 때 상대방의 말에 경청하는 것이 정말 중요한데요, I'm listening.은 열심히 듣고 있으니 말해 보라는 뜻이에요. 상대방이 하고자 하는 말에 관심을 보여주는 거랍니다.

Rhino   Bolt, I can be a *valuable **addition to your team.
볼트, 난 네 팀에 소중한 일원이 될 수 있어.

Bolt   I'm listening.
듣고 있어.

*valuable 귀중한 **addition 첨가, 추가된 사람

303

I'm still listening.
조용히 듣고 있어요.

남이 하는 말을 끝까지 참고 잘 듣고 있다고 할 때 하는 말로 I'm still listening.은 '조용히 듣고 있어요.'입니다. 부사 still은 '여전히', '조용히'의 뜻이죠.

Man   Go on, Mr. Valentine. I'm still listening.
계속하세요, 발렌타인씨. 조용히 듣고 있어요.

Richmond   *As long as you **agree to all my terms.
당신이 내 모든 조건에 동의하는 한.

*as long as ~하는 한 **agree 동의하다

304

Hear me out.
내 말 끝까지 들어봐.

지금 자신이 하고 있는 말을 끝까지 들어달라고 부탁할 때 Hear me out.이라고 말합니다. '내 말 끝까지 들어봐.'의 의미로 뒤에 out이 들어가면 끝까지 들어보라는 속뜻이 담겨 있는 거죠.

Preeta What... Kayla, what is going on?
무슨... 케일라, 무슨 일이에요?

Kayla Hear me out. I know *yesterday was a **disaster.
제 말 끝까지 들어봐요. 어제가 재앙이었다는 거 알아요.

*yesterday 어제 **disaster 재앙

Review Quiz

166 알았어요, 잘 들어요.

All _____, listen.

167 그냥 제 말 들으세요.

Just listen _____ me.

168 내 말 듣고 있는 거예요?

Are you _____ to me?

169 듣고 있어요.

I'm _____.

170 내 말 끝까지 들어봐.

Hear me _____.

166 right 167 to 168 listening 169 listening 170 out

대화 시작

자신이 한 말을 상대방이 제대로 이해했는지 궁금할 때

• SCENE 열띤 토론 속에서 혹시 자신이 하고 있는 말을 상대방에 제대로 이해하고 있는지 궁금해서
확인 차 물어볼 때가 있습니다. 동사 understand(이해하다) 보다는 get(이해하다)을
네이티브들이 더 많이 사용하죠.

영화 [Big Hero 6] 중에서

305

Got it?

알겠어? 이해돼?

얘기 한참 도중에 Got it?하고 상대에게 말하면 '알겠어?', '이해돼?'
의 뜻입니다. 동사 get에는 '이해하다'라는 의미가 있어요.

Hiro   If my aunt asks, we were at school *all day. Got it?
이모가 물으면 우린 하루 종일 학교에 있었던 거야. 알겠지?

Baymax   We jumped out a **window.
우리 창문으로 뛰어 내렸잖아요.

*all day 하루 종일 **window 창문

영화 [San Andreas] 중에서

306

I got it.

알았어요.

상대방이 하고자 하는 말의 취지를 정확하게 이해했다면 동사 get을
사용하는데요, 구어체에서는 '이해하다'라는 의미예요. 대명사 it은
상대방 말의 요점을 나타내므로 I got it.은 '알았어요.'의 뜻이 되는
겁니다.

Blake   And don't *forget the bike key.
그리고 자전거 열쇠 잊지 마세요.

Ray   I won't. I got it.
안 잊을게. 알았어.

*forget 잊다, 까먹다

307

You got it.

알았군요, 알아냈군요, 알겠어요.

상대방이 원하는 것을 갖게 된다는 말로 You got it.는 '알겠어요.'로 쓰이는 표현입니다. 바라던 그것을 상대가 가지게 된다는 뜻은 그렇게 되도록 내가 노력하겠다는 속뜻이 담겨있으므로 우리말 '알겠어요.'에 해당되죠.

Man *Wait right there.
바로 거기서 기다려요.

Carl You got it.
알았어요.

*wait 기다리다

308

I hear you.

알겠어요, 이해해요.

동사 hear를 활용해서 I hear you.처럼 표현하면 '난 너를 듣는다.'처럼 애매모호하게 들릴 거예요. 이 표현은 상대방의 얘기를 이해하거나 알겠다고 할 때 사용하는 말인데요, 그 의미는 '알겠어요.', '이해해요.'입니다.

Harry Okay, Lloyd, this time we're not gonna be *stupid and **pass up a sure thing.
좋아, 로이드, 이번엔 우리 바보처럼 굴지 않을 거며 확실한 걸 놓치지 않을 거야.

Lloyd I hear you, Har.
알았어, 할.

*stupid 어리석은 **pass up 놓치다, 포기하다

309

Do you hear me?

내 말 알겠어요?

자신이 하는 말을 상대방이 제대로 알고 있는지 확인하고 싶어 묻는 말이 Do you hear me?입니다. '내 말 알겠어요?'의 뜻이지요.

Minho All those kids that we left behind back there. I don't want to *end up like that. Hey. Do you hear me?
두고 온 애들 다 거기 있어. 그런 식으로 끝내고 싶진 않단 말이야. 이봐, 내 말 알겠어?

Thomas Yeah, I hear you.
응, 알았어.

*end up like that 그런 식으로 끝나다

310

Do you understand?
이해돼요?

남이 내가 하는 말을 제대로 이해하고 있는지 궁금할 때 동사 understand를 활용해서 Do you understand?처럼 말합니다. 한마디로 '이해돼요?'의 뜻이 되지요.

Elaine   Do you understand?
         이해가 돼?

Susan   Yes.
         네.

311

Do I make myself clear?
내 말 알겠어? 내 뜻 알겠어?

보통 윗사람이 아랫사람에게 하는 말이에요. Do I make myself clear?는 '내 말 알겠어?', '내 뜻 알겠어?'의 뜻으로 자신이 하는 말을 정확하게 이해했는지를 확인코자 묻는 표현이죠.

Shane   This will not *happen again. Do I make myself clear?
        이런 일이 다시는 일어나지 말아야 돼. 내 말 알겠어?

Alex   Yes, sir.
        네, 알겠습니다.

*happen 발생하다, 일어나다

312

Mark my words.
내 말 명심해.

영어로 Mark my words.는 자신이 한 말을 명심해 새겨두라는 뜻이에요. 동사 mark에는 '주의를 기울이다'라는 뜻이 있어 '내 말 명심해.'의 의미가 됩니다.

Louie   Mark my words, Mittens. One day someone's gonna stand up to you. Someone's gonna *teach you a lesson.
         내 말 명심해. 미튼스. 어느 날 누군가가 너와 맞설 거야. 너에게 본 떼를 보여 줄 거란 말이야.

Mittens Yeah. I'm really scared now.
         그래. 지금 정말 겁나는데.

*teach ~ a lesson ~에게 본때를 보여주다

Like I said...
내가 말했듯이...

스스로가 이미 언급했던 말을 다시금 강조하고자 할 때 Like I said...하고 말합니다. '내가 말했듯이...'로 like은 동사가 아닌 접속사 역할을 해요.

Thomas	What *happened to them?
	걔네들에게 무슨 일이 있었던 거지?
Alby	Like I said... dark days, Thomas.
	내가 말했듯이... 힘든 날이었어, 토마스.

*happen 발생하다, 일어나다

Review Quiz

171 알겠어? 이해돼?

_____ it?

172 알았군요, 알아냈군요, 알겠어요.

_____ got it.

173 내 말 알겠어요?

Do you _____ me?

174 내 말 알겠어? 내 뜻 알겠어?

Do I _____ myself clear?

175 내가 말했듯이...

_____ I said...

171 Got 172 You 173 hear 174 make 175 Like

159

의견 일치

남이 하는 말에 적극적으로 동의할 때

●SCENE 대화 도중에 상대방의 생각과 자신의 생각이 일치하고 왠지 통한다고 느껴지면 '맞는 말이에요.', '나도 그렇게 느껴요.'하고 적극적으로 공감 표시를 하게 됩니다.

영화 [Confessions Of A Shopaholic] 중에서

I couldn't agree more.
전적으로 동의해요.

상대방의 생각이나 의견 따위에 맞장구를 치고 싶을 때 I couldn't agree more.라고 합니다. 직역하면 '난 더 이상 동의할 수가 없었다.'지만 속뜻은 '전적으로 동의해요.'이에요.

Lewis　　She's like *a breath of fresh air.
　　　　　그녀는 기운을 상쾌하게 해주는 사람이에요.

Luke　　 I couldn't agree more.
　　　　　전적으로 동의합니다.

*a breath of fresh air 기운을 상쾌하게 해주는 사람

영화 [Nobody] 중에서

I was thinking the same thing.
저도 같은 생각이었어요.

자신도 상대방과 같은 생각을 하고 있었다고 할 때 I was thinking the same thing.처럼 표현해요. 의미는 '저도 같은 생각이었어요.'로 상황에 따라서는 thing을 생략하고 말하기도 하죠.

Hutch's Daughter　　We need a cat.
　　　　　　　　　　우리 고양이 키워요.

Hutch　　　　　　 Yeah. I was thinking the same thing.
　　　　　　　　　응. 그러자꾸나.

Are you 100% on that?

그 점에 백퍼센트 확신해요?

상대방의 생각이나 의견에 Are you 100% on that?하면서 반문한다면 그 뜻은 '그 점에 백퍼센트 확신해요?'입니다.

Davis	Connor, you can get up now.
	코너, 지금 일어나도 돼.
Connor	Are you 100% on that?
	그 점에 대해 백퍼센트 확신해요?
Davis	100% sure. You can get up.
	백퍼센트 확신해. 일어나도 된단 말이야.

That's a fair point.

일 리가 있는 말이에요.

상대방의 의견에 긍정적인 답변으로 하는 말로 That's a fair point.는 '일 리가 있는 말이에요.'입니다. 정당한 지적이나 의견을 fair point(타당한 의견)처럼 표현하죠.

Tom	You're not here to *abduct me, are you?
	날 납치하러 온 게 아니지, 그렇지?
Sonic	You abducted me.
	네가 날 납치했잖아.
Tom	Okay, that's a fair point.
	알았어, 일 리가 있는 말이야.

*abduct 유괴하다, 납치하다

Tell me about it.

그러게 말이에요, 누가 아니래요, 맞아요.

상대방이 한 말에 대해서 강한 긍정이나 찬성을 표하고자 할 때 Tell me about it.이라고 해요. 직역하면 '그것에 대해 말하라.'지만 자연스럽게 의역하면 '그러게 말이에요.', '누가 아니래요.', '맞아요.'가 되죠.

Dr. Fahim	Flying *is not my cup of tea.
	비행은 제 취향이 아니에요.
Bill	Tell me about it. You're a doctor.
	그러게 말이에요. 의사시죠.

*be one's cup of tea ~의 취향이다

161

319

Whatever you say.
좋을 대로 하세요, 마음대로 하세요.

때로는 마음에 내키지는 않지만 상대방의 말에 동의를 해야만 할 때가 있어요. 영어로 Whatever you say.는 '좋을 대로 하세요.' 또는 '마음대로 하세요.'라는 뜻입니다.

Risa   Hey, I'll be right down, all right?
        이봐요, 바로 내려갈게요, 알겠죠?

Walter   Whatever you say, Boss.
         마음대로 하세요, 보스.

320

Fair enough.
좋아요, 그래요, 어쩔 수 없죠.

네이티브들은 Fair enough.을 상대방의 제안이나 조건을 수락할 때, 경고나 설명을 받아들일 때 사용해요. '좋아요.', '그래요.', '어쩔 수 없죠.'처럼 다양한 의미를 가집니다.

Charles   I'll help you get her. Not for any of your *future shite, but for her.
          그녀를 찾게 도와주겠소. 당신의 빌어먹을 미래가 아닌 그녀를 위해서라면.

Logan   Fair enough.
          좋소.

*future 미래

321

On second thought
다시 생각해 보니

아무리 좋은 일이라도 다시 생각해 보면 아닌 것처럼 보일 수도 있습니다. 영어로 On second thought는 '다시 생각해 보니'의 뜻이요.

Joe   *Actually, on second thought, you know, the mentoring sounds like fun.
        실은, 다시 생각해 보니, 있잖아요, 멘토링이 재미있을 것 같네요.

Jerry   I'm glad to hear it. Jerry will take it from here.
        다행이네요. 여기서부터는 제리가 맡을 거예요.

*actually 사실은, 실은

You can say that again.
맞는 말이에요.

동의 의사를 표현할 때 You can say that again.이라고 하죠. '당신은 그것을 다시 말할 수 있어요.'가 직역인데요, 같은 말을 반복해서 얘기하더라도 자신은 전적으로 동의한다는 뜻으로 '맞는 말이에요.'가 됩니다.

22   Well, Dez, for *hundreds of years, I've had no style at all.
글쎄, 데즈, 수백 년 동안, 나만의 스타일이 전혀 없었어.

Paul   You can say that again.
맞는 말이에요.

*hundreds of 수백의

Review Quiz

176 전적으로 동의해요.

I couldn't _____ more.

177 그 점에 백퍼센트 확신해요?

Are you 100% _____ that?

178 그러게 말이에요, 누가 아니래요, 맞아요.

_____ me about it.

179 좋아요, 그래요, 어쩔 수 없죠.

Fair _____.

180 맞는 말이에요.

You can say that _____.

176 agree 177 on 178 Tell 179 enough 180 again

의견 일치

남이 하는 말에 이견이 있을 때

●SCENE 남의 하는 말을 곰곰이 생각해봐도 도무지 납득이 되지 않거나 공감할 수 없다고 느껴질 때 어떻게 하면 좋을까요? 상대방이 좀 기분 나빠할 지라도 자신의 솔직한 생각을 얘기해야 합니다.

영화 [Spy] 중에서

Not that I'm aware of.
제가 알기로는 없는데요.

상대방의 생각과 전혀 다른 생각을 갖고 있을 때 네이티브들은 Nat that I'm aware of.하고 말해요. 숙어로 be aware of는 '인지하다', '알아차리다', '깨닫다'이므로 '제가 알기로는 없는데요.'의 뜻입니다.

Elaine   Do we have a record of anyone with that name?
          그런 이름을 가진 사람의 기록이 있나?

Nancy   Not that I'm aware of.
          제가 알기로는 없는데요.

324

영화 [Midway] 중에서

Not that I know of.
제가 알기로는 그렇지 않습니다.

자신이 알고 있는 정보나 사실을 근거로 상대방과 정반대되는 생각을 얘기할 때 Not that I know of.처럼 말합니다. 의미는 '제가 알기로는 그렇지 않습니다.'이에요.

Admiral   And is their water plant broken?
          그들의 정수 시설이 고장 났다는 거야?

Edwin   Not that I know of.
          제가 알기로는 그렇지 않습니다.

325

Let's get one thing straight.
한 가지 분명히 짚고 넘어가죠.

대화를 하다보면 서로의 이견으로 종종 충돌하게 될 때 Let's get one thing straight.이라고 하면 '한 가지 분명히 짚고 넘어가죠.'의 뜻이에요. 숙어로 get+목적어+straight은 '~을 확실하게 정리하다' 입니다.

Owen Let's get one thing straight. I'm in charge out here. You do everything I say, exactly as I say it.
한 가지 분명히 짚고 넘어가죠. 내가 여기 책임자예요. 내가 시키는 대로만 해요.

Claire Excuse me?
뭐라고요?

Owen Just relax.
그냥 진정해요.

326

Let's not jump to conclusions.
속단하지 맙시다.

영어로 Let's not jump to conclusions.를 직역하면 '결론으로 바로 뛰어넘지 맙시다.'지만 원래 이 표현은 '속단하지 맙시다.'의 뜻으로 사용되는 말이에요.

Josie Why are some of the names *crossed out?
왜 일부 이름들이 지워진 거죠?

Cassie Let's not jump to conclusions.
속단하지 말아요.

*cross out 말소하다, 줄을 그어 지우다

327

I don't buy that.
그 점이 이해가 안 돼요.

어떤 점이 도무지 이해 또는 납득되지 않을 때 I don't buy that.이라고 하는데요, that은 대화의 주제가 됩니다. 즉 '그 점이 이해가 안 돼요.'로 동사 buy는 구어체에서 '이해하다'라는 의미입니다.

Jack He told me they're carrying mostly aeroplane parts. But I don't buy that.
주로 비행기 부품들을 옮기고 있다고 그가 얘기했습니다. 하지만 그 점이 이해가 안갑니다.

Sheriff It's Air Force, Jack. Aeroplane parts sort of *make sense.
공군이야, 잭. 비행기 부품들이라고 하니 일리가 있네.

*make sense 일리가 있다

328

I hate to disagree with you.
반박하고 싶지는 않아요.

대화를 나누다보면 이견이 생기는 것은 당연하죠. 이때 I hate to disagree with you.하고 말한다면 '반박하고 싶지는 않아요.'로 상대방의 의견을 존중하고 싶지만 자신은 달리 생각하고 있다는 것을 보여주는 거죠.

Bogo   *To be fair, you did stop a master **criminal from stealing two dozen ***moldy onions.
실은, 넌 뛰어난 범인이 24개의 케케묵은 양파를 훔치는 걸 막았어.

Judy   Mmm. Hate to disagree with you, sir... but those aren't onions.
음. 반박하고 싶지는 않지만, 서장님. 그것들은 양파가 아니에요.

*to be fair 실은, 사실은 **criminal 범인 ***moldy 곰팡내 나는, 케케묵은

329

I'll tell you what.
이렇게 합시다.

서로의 이견차이로 합의점에 이르지 못하게 될 때, 더 나은 제안이나 방법을 제시하게 되죠. I'll tell you what.이라고 하면 '이렇게 합시다.'입니다.

Dave's Daughter   Can I come with you?
같이 가도 돼요?

Dave   You want to come with me? Did you feel how cold it is out there? I'll tell you what, go hang out with Mommy for a little while, help out with the baby.
나랑 같이 가고 싶다고? 거기가 얼마나 추운지 알기나 하니?
이렇게 하자, 잠시 엄마 하고 놀면서 아기 돌보는 것을 도와줘.

330

You're talking nonsense.
말도 안 되는 소리하고 있군요.

남이 하는 말이 도무지 자신의 판단으로 볼 때 전혀 말이 안 된다고 생각들 때 You're talking nonsense.처럼 말합니다. 의미는 '말이 안 되는 소리하고 있군요.'로 talk nonsense는 '쓸데없는 말을 하다'입니다.

Fergus   You're talking nonsense!
말도 안 되는 소리하고 있군!

Merida   It's the truth!
사실이에요!

166

331

With all due respect
외람된 말이지만, 저기 죄송한데요.

윗사람과 상반되는 생각을 언급하고자 할 때 혹시나 자신이 하는 말이 거슬리지는 않을까 염려될 때가 있어요. 이럴 때 With all due respect처럼 말하면 '외람된 말이지만', '저기 죄송한데요'의 의미로 쓰입니다.

Eddie   Detective Mulligan, with all due respect, I don't want anything to do with Cletus Kasady.
멀리건 형사님, 외람된 말이지만, 클리터스 캐서디와는 엮이고 싶지 않아요.

Mulligan   Well, that's too bad, because he only wants to see you.
응, 그거 유감이군. 그가 단지 자넬 보고 싶어 하거든.

Review Quiz

181 제가 알기로는 없는데요.

Not that I'm _____ of.

182 한 가지 분명히 짚고 넘어가죠.

Let's get one thing _____.

183 그 점이 이해가 안 돼요.

I don't _____ that.

184 이렇게 합시다.

I'll tell you _____.

185 외람된 말이지만, 저기 죄송한데요.

With all due _____

181 aware 182 straight 183 buy 184 what 185 respect

의견 일치

남이 하는 말이나 행동에 관심을 보일 때

● SCENE   상대방 말이 귀에 거슬리게 되면 딴청을 피우거나 관심을 끊게 되지만 반대인 상황이라면 적극적으로 관심을 보이게 됩니다. 동사 care는 '관심을 가지다'예요.

영화 [Inside Out] 중에서

332

Guess what?
있잖아? 놀라면 안 돼!

자신에게 좋은 일이 생겼다면 누군가에게 말하고 싶어 입이 근질거리게 되잖아요. 상대방의 관심을 끌 목적으로 Guess what?이라고 하면 '있잖아?', '놀라면 안 돼!'라는 뜻이에요. 대답으로 What?(뭔데?)이라고 하면 되죠.

Riley's Dad   Well, guess what? The *moving van won't be here until Thursday.
글쎄, 있잖아? 이삿짐 트럭이 목요일이나 돼서야 도착한데.

Riley's Mom   You're kidding.
농담이지.

*moving van 이삿짐 트럭

영화 [Lucy] 중에서

333

You know what?
있잖아? 그래서 말인데요?

타인에게 굳이 밝히고 싶지 않은 얘기를 꺼내려고 할 때 사용하는 표현으로 You know what?은 '있잖아?', '그래서 말인데요?'입니다.

Richard   You know what? The other day, I was in this museum. And you know what I found out?
있잖아? 전날, 이 박물관에 있었거든. 내가 뭘 발견했는지 알아?

Lucy   What?
뭔데?

334

Anything you care to tell me?
저에게 하고 싶은 말 있으세요?

상대방에게 Anything you care to tell me?하고 물어보면 '저에게 하고 싶은 말 있으세요?'인데요, 숙어로 care to~는 '~하기를 좋아하다'로 원래는 Do you have anything you care to tell me?의 문장입니다.

Monsignor   Anything you care to tell me?
저에게 하고 싶은 말 있으세요?

Gerry   No.
없어요.

335

Why do you care?
왜 신경 쓰는 거예요?

자신의 행동에 대해 괜히 누군가가 관심을 보이면 Why do you care?하고 반문하게 되는데요, 의미는 '왜 신경 쓰는 거예요?'입니다. 동사 care는 '마음쓰다'예요.

Emil   Why are you in here?
여긴 왜 들어왔소?

Ray   Why do you care?
왜 신경 쓰는 거요?

336

Why do you care what Bennett thinks?
왜 베넷 생각에 신경 쓰는 거죠?

다른 사람의 생각에 왜 자꾸 신경을 쓰며 사는지 궁금해서 Why do you care what Bennett thinks?하고 물어보면 의미는 '왜 베넷 생각에 신경 쓰는 거죠?'입니다.

Woman   Why do you care what Bennett thinks?
왜 베넷 생각에 신경 쓰는 거죠?

Lettie   He's a prig.
그 사람은 까다로워요.

337

Why do you even care what I do?
내가 하는 일에 왜 신경 쓰는 거죠?

자신이 하는 일에 누군가가 감 나와라 배 나와라 하면 가끔은 '내가 하는 일에 왜 신경 쓰는 거죠?'하고 반문하게 되죠. Why do you even care what I do?처럼요. 동사 care에는 '마음 쓰다'라는 뜻이 있어요.

Susan Why do you even care what I do?
내가 하는 일 왜 신경 쓰는 거죠?

Ford You really think you're *ready for the field?
현장 투입을 할 준비가 됐다고 정말 생각하는 거예요?

*be ready for ~할 준비가 되다

338

I don't care what you think.
어떻게 생각하던 상관 안 해요.

자신은 남의 생각 따위에 크게 개의치 않는다고 할 때 I don't care what you think.식으로 표현합니다. 동사 care에는 '~에 마음 쓰다'라는 뜻이 있어 '어떻게 생각하던 상관 안 해요.'가 되지요.

Poe Zorii, I don't think I can take this.
조리, 이걸 받을 수 없을 것 같아.

Zorii I don't care what you think.
어떻게 생각하던 상관 안 해.

339

I am not interested in a history lesson.
역사 수업에는 관심 없어요.

역사 수업에는 전혀 관심이 없다고 할 때 be not interested in을 활용해서 I am not interested in a history lesson.처럼 표현하면 되는데요, 의미는 '역사 수업에는 관심 없어요.'입니다.

Dylan I am not interested in a history lesson on magic *at this moment.
지금 이 순간에는 마술에 관한 역사 수업에는 관심 없어요.

Alma If you want to keep **playing into their hands, go for it.
그들 손에 계속 놀아나길 원하면, 그렇게 해요.

*at this moment 지금 이 순간 **play into one's hands ~의 손에 놀아나다

340

I thought about what you said.
말씀하셨던 거 생각해봤어요.

대화 도중에 과거에 상대방이 했던 말을 곰곰이 생각해봤다고 할 때 I thought about what you said.처럼 말합니다. 뜻은 '말씀하셨던 거 생각해봤어요.'입니다. 숙어로 think about은 시간을 두고 뭔가를 곰곰이 생각할때를 말해요.

Hiro | I thought about what you said. *Really **inspired me.
말씀하셨던 거 생각해봤어요. 정말 저에게 영감을 주었어요.

Cass | Oh, honey, that's so ***great.
오, 얘야, 정말 잘됐다.

*really 정말로 **inspire 영감을 주다 ***great 훌륭한

Review Quiz

186 있잖아? 놀라면 안 돼!

_____ what?

187 저에게 하고 싶은 말 있으세요?

Anything you care to _____ me?

188 왜 베넷 생각에 신경 쓰는 거죠?

_____ do you care what Bennett thinks?

189 어떻게 생각하던 상관 안 해요.

I don't care what you _____.

190 말씀하셨던 거 생각해봤어요.

I thought about _____ you said.

186 Guess 187 tell 188 Why 189 think 190 what

171

의견 일치

진심인지 농담인지 알고 싶을 때

● SCENE   도무지 믿기지 않은 얘기를 누군가로부터 듣게 되었을 때 쉽게 수긍하기가 힘들어집니다.
진심이 담겨있는 말인지 아니면 농담 어조로 하는 말인지 궁금해서 되묻고 싶어 져요.

영화 [Night At The Museum] 중에서

341

I'm telling you.
정말이에요.

영어로 I'm telling you.는 문장 맨 앞에 나와 마치 감탄사처럼 사용되는데요, '정말이에요.'
의 뜻이죠. 자신이 하는 말이 진심임을 드러내는 거예요.

Larry   I'm telling you, man. You *tore it up out there today. I'm thinking the
**NHL is a serious ***possibility.
정말이야, 너 오늘 정말 끝내줬어. NHL 선수가 될 가능성이 있단 말이야.

Nick   Yeah, I don't really wanna be a hockey player anymore.
네, 더 이상 하키 선수는 정말 되고 싶지 않아요.

*tear up 갈기갈기 찢다 **NHL National Hockey League 북미 하키 리그 ***possibility 가능성

영화 [Those Who Wish Me Dead] 중에서

342

I'm telling the truth.
진실을 말하는 거예요.

지금 거짓이 아닌 진실을 말하고 있는 거라고 할 때 I'm telling the
truth.처럼 말합니다. 명사로 truth는 '진실'을 뜻하므로 의미는 '진실
을 말하는 거예요.'입니다.

Allison   I'm telling the truth.
진실을 말하는 거예요.

Jack   I have to know.
알아야겠어.

Are you kidding me?
지금 농담해요? 그걸 말이라고 하세요?

남이 말도 안 되는 얘기를 꺼낼 때 '지금 농담해요?'이라고 하죠. Are you kidding me?인데요, 때로는 '그걸 말이라고 하세요?'의 뜻 으로도 쓰입니다.

Van	Do you like kidney pie? 키드니 파이 좋아해요?
Thomas	Are you kidding me? I love it. 그걸 말이라고 하세요? 정말 좋아해요.

You're not joking, are you?
농담 아니죠, 맞죠?

남이 하는 말이 농담이 아닌 진심인 것처럼 들릴 때 '농담 아니죠, 맞죠?'하고 물어보게 됩니다. 영어로 You're not joking, are you?로 여기서 are you 대신에 right를 넣어 말하기도 하죠.

Ray	You're not joking, are you? 농담 아니지, 그렇지?
Joel	Nope. Nope, I'm not. 아냐. 아니, 농담 아냐.

I'm just joking.
그냥 농담이에요.

자신이 하는 말이 그냥 농담인 것처럼 치부할 때 하는 표현이 I'm just joking.입니다. '그냥 농담이에요.'의 뜻이에요.

Dave	I'm sorry, what? 죄송하지만, 뭐라고 하셨죠?
Colonel	I'm just joking. Let's *get down to business. 그냥 농담이야. 본론으로 들어가자고.

*get down to business 본론에 들어가다

173

346

No kidding.

농담하지 마.

누군가가 터무니없는 말을 하면 '농담하지 마.'하고 말하게 됩니다. 네이티브들은 No kidding.이라고 하죠. 동사로 kid는 '농담하다', '조롱하다'입니다.

Baymax   I am not fast.
난 움직임이 안 빨라요.

Hiro   Yeah, no kidding!
그래, 농담하지 마!

347

Are you serious?

진담이에요? 진심이세요?

상대방이 한 말에 의구심을 갖게 되면 '진담이에요?', '진심이세요?'처럼 다시금 묻게 됩니다. Are you serious?처럼 표현하는데요, 형용사 serious는 '중대한', '심각한'이지만 구어체에서는 '진지한'의 뜻으로도 사용되죠.

Joe   It wasn't an accident. There was a truck on the train tracks.
사고가 아니었어. 기차선로에 트럭이 있었거든.

Cary   Are you serious?
진심이야?

348

I'm serious.

진심이에요.

지금 자신이 하는 말이 진심이라고 할 때 형용사 serious를 사용해서 I'm serious.처럼 표현합니다. 형용사 serious에는 '진진한'의 뜻이 있어 '진심이에요.'의 뜻으로 사용되는 말이에요.

Joel   I'm gonna go.
나 갈 거야.

Tim   It's an *impossible **journey, Joel.
불가능한 여행이야, 조엘.

Joel   No, I'm serious.
아니, 진심이야.

*impossible 불가능한 **journey 여행

349

I mean it.
진심이에요.

자주 사용하는 표현 중에 하나인 I mean it.을 그대로 직역하면 '나는 그것을 의미한다.'처럼 좀 애매하게 들릴 겁니다. 보통 자신이 하는 말이 진심이라고 할 때 사용하는데요, 의미는 '진심이에요.'입니다.

Jack   I mean it. This is a serious moment for me.
진심이야. 이번이 내겐 중요한 때란 말이야.

Ellie   This is just absolutely not happening.
그런 일은 정말로 일어나지 않을 거야.

Review Quiz

191 정말이에요.

I'm _____ you.

192 지금 농담해요? 그걸 말이라고 하세요?

Are you _____ me?

193 그냥 농담이에요.

I'm _____ joking.

194 진담이에요? 진심이세요?

Are _____ serious?

195 진심이에요.

I _____ it.

191 telling 192 kidding 193 just 194 you 195 mean

의견 일치

반대나 거절 의사를 표현할 때

●SCENE 상대의 의견이나 생각에 반대나 거절 의사를 표현하는 것은 말처럼 쉽지 않습니다. 자신의 말에 기분 나빠 할 수도 있기 때문이죠. 그렇다고 마냥 동조할 수도 없는 일입니다. 단호하게 거절하는 것도 때로는 필요해요.

350

영화 [Dumb And Dumber To] 중에서

No way.
말도 안 돼요.

누군가로부터 말도 안 되는 제안이나 부탁을 받게 되면 어쩔 수 없이 단호하게 거절해야 만 할 때가 생기게 되죠. 바로 No way.처럼요. '말도 안 돼요.'라는 뜻으로 확실하게 자신의 생각을 밝히는 게 중요합니다.

Harry   I've known about this for a while, but I didn't wanna *worry you. I need a **kidney transplant.
한동안 이 사실을 알고 지냈는데, 널 걱정시키고 싶진 않았어. 난 간 이식이 필요해.

Lloyd   No way! Really?
말도 안 돼! 정말이야?

*worry 걱정하다 **kidney transplant 간 이식

351

영화 [Mission Impossible : Rogue Nation] 중에서

Not a chance.
절대 안 돼요, 말도 안 돼요.

상대방의 요청에 대해 단호하게 거절할 때 사용하는 표현이에요. 영어로 Not a chance.는 '절대 안 돼요.' 또는 '말도 안 돼요.'라는 뜻이죠. 그럴 가능성이 아주 희박함을 나타내는 거예요.

Ilsa   You have to let me go.
날 풀어줘야 해요.

Benji   Not a chance!
그건 안 돼!

I'm doing fine.
난 괜찮아요.

좋은 제안일지라도 마음 내키지 않으면 때론 거절하게 됩니다. 이럴 때 I'm doing fine.처럼 말하면 '난 괜찮아요.'가 되죠.

Russell   Well, I gotta help you cross something.
           응, 제가 뭔가 건너시는 거 도와드려야 해요.

Carl   Uh, no. I'm doing fine.
           어, 아니. 난 괜찮아.

I wish I could.
나도 그럴 수만 있다면 좋겠어요.

자신의 바람을 나타내는 말이에요. 영어로 I wish I could.는 '나도 그럴 수만 있다면 좋겠어요.'로 아쉬움을 드러내는 거죠.

Grace   Why can't you just come now?
           왜 지금 못 오는데?

Allison   I wish I could. I really do. I miss you.
           그럴 수만 있다면 좋겠는데. 정말이야. 보고 싶어.

Maybe. Maybe not.
그럴 수도 있고. 아닐 수도 있고.

뭔가 확실한 답변을 하기가 그래서 Maybe. Maybe not.하고 말한다면 그 의미는 '그럴 수도 있고. 아닐 수도 있고.'입니다. 가능성이 반반이 되는 거죠.

Stone   Did he say where he was going?
           그가 어디 간다고 얘기했어요?

Man   Maybe. Maybe not.
           그럴 수도 있고. 아닐 수도 있고.

That's ridiculous.
말도 안 돼요.

남의 생각 따위가 도무지 믿기지 않거나 어이없다고 느껴지면 That's ridiculous.하고 말하게 되죠. '말도 안 돼요.'로 형용사 ridiculous는 '말도 안 되는', '터무니없는'의 뜻이에요.

Venom   I can't. Sonny and Cher are best friends.
못해. 서니랑 셰어는 친한 사이거든.

Eddie   Are you serious? That's ridiculous. That's what...
진심이야? 말도 안 돼.

No means no.
안 되면 안 되는 거야.

확실하게 뭔가를 거절하고 싶을 때 No means no.하고 말합니다. 한 마디로 말해 '안 되면 안 되는 거야.'의 뜻이지요.

Carl   No means no. Bonjour.
안 되면 안 되는 줄 알아. 안녕하세요.

Pete   Carl, I know it's you.
칼, 난 너라는 걸 알아.

Absolutely not.
절대로 안 돼요.

부사 absolutely가 not과 함께 사용하면 부정어 not의 의미를 강조해 주는 역할을 하는 거예요. 다시 말해서 Absolutely not.은 '절대로 안 돼요.'의 뜻입니다.

Marvin   Frank, can I give you a little advice about women?
프랭크, 여자에 대해 조언 좀 해도 될까?

Frank   No! Absolutely not.
아니! 절대로 안 돼.

358

I am not allowed to discuss that with you.
당신과 그 점을 논할 수 없어요.

상대방과 어떤 것을 논의할 수 없을 때 상황에 따라서는 I am not allowed to discuss that with you.처럼 말하기도 하는데요, '당신과 그 점을 논할 수 없어요.'로 be allowed to는 '~하도록 허락받다'입니다.

Davis *Actually, I need some questions answered. Like what **the hell is that thing doing to my friend?
실은, 몇 가지 질문에 대답해 주세요. 도대체 저 물건이 내 친구한테 무슨 짓을 하고 있는 거죠?

Kate Uh, well, I am not allowed to discuss that with you.
글쎄요, 당신과 그 점을 논할 수 없어요.

*actually 사실은 **the hell 도대체

Review Quiz

196 말도 안 돼요.

No _____.

197 난 괜찮아요.

I'm _____ fine.

198 그럴 수도 있고. 아닐 수도 있고.

Maybe. _____ not.

199 안 되면 안 되는 거야.

No _____ no.

200 당신과 그 점을 논할 수 없어요.

I am not _____ to discuss that with you.

196 way 197 doing 198 Maybe 199 means 200 allowed

의견 일치

자신의 생각을 표출할 때

●SCENE 어떤 주제에 대해 자신의 생각을 얘기하기 전에 '우리끼리 이야기인데'라든지 '기분 나쁘게 생각하지 말아요.'하고 먼저 말 꺼낼 때가 있어요. 즉 자신의 생각을 어떻게 표출하느냐가 중요해요.

영화 [Mr. Popper's Penguins] 중에서

359

■■■■■■■■■■

What can I say?

뭐랄까요? 뭐라고 해야 할까요?

What can I say?를 직역하면 '내가 무엇을 말할 수 있을까?'예요. 속뜻을 파악하기가 쉽지는 않죠. 네이티브들은 '뭐랄까요?', '뭐라고 해야 할까요?'처럼 상황에 맞게 사용합니다.

Van   Tell me about your father.
        아버님에 대해 얘기해 봐요.

Thomas My father? Uh... What can I say? A father is a father.
        And he was no different.
        제 아버지요? 어... 뭐랄까요? 아버지는 아버지에요. 다를 게 없었어요.

영화 [Source Code] 중에서

360

■■■■■■■■■■

Where were we?

우리가 어디까지 얘기했죠?

상대방과 대화를 나누던 중 갑자기 전화가 오거나 다른 용무 때문에 잠시 중단 되면 미안하다고 얘기한 뒤 대화를 계속 이어가려고 애쓰게 됩니다. Where were we?는 '우리가 어디까지 얘기했죠?'의 뜻으로, 여기서 be동사 were 대신에 are를 쓰게 되면 '여기가 어디죠?'라는 의미가 됩니다.

Christina Save the world?
           세상을 구하나요?

Colter   Sort of. So, where were we?
           그런 셈이죠. 어디까지 얘기했죠?

361

Between you and me
우리끼리 이야기인데, 이건 비밀인데

뭔가를 둘만의 비밀로 지키고 싶을 때 Between you and me처럼 말하죠. '너와 나 사이'가 아닌 '우리끼리 이야기인데', '이건 비밀인데'의 뜻이에요.

Quorra But between you and me, Jules Verne is my *favorite. Do you know Jules Verne?
하지만 이건 비밀인데, 쥘 베른은 제가 제일 좋아하는 작가예요. 쥘 베른 알아요?

Sam Sure!
물론이죠!

*favorite 좋아하는 물건, 마음에 드는 사람

362

Don't take it personally.
기분 나쁘게 생각하지 말아요.

자신의 행동이나 말을 상대가 혹시나 오해하거나 기분 나쁘게 받아들인다면 당황할 수밖에 없어요. 원래부터 그럴 의도는 없었다고 말하면서 오해하지 말라고 부탁하게 되죠. 영어로 Don't take it personally.인데요, '기분 나쁘게 생각하지 말아요.'의 의미입니다.

Warden What kind of man would *choose to spend most of his life **in prison?
어떤 남자가 평생 감옥살이를 하겠다는 거요?

Lester Don't take it personally, Warden.
오해하진 말아요, 워든.

*choose 선택하다 **in prison 감옥에서

363

Don't take my word for it.
제 말 그대로 받아들이지 말아요.

무심코 한 말을 그대로 받아들이지 말라고 할 때 Don't take my word for it.처럼 표현합니다. 즉 '제 말 그대로 받아들이지 말아요.' 라는 뜻이랍니다.

Dylan I wanna know how they robbed a bank.
그들이 어떻게 은행을 털었는지 알고 싶어요.

Thaddeus You're an idiot if you think they robbed a bank. But don't take my word for it.
그들이 은행을 털었다고 생각하면 어리석은 거요. 하지만 내 말 그대로 받아들이지는 마요.

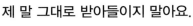

364

This is so cool.
여기 정말 근사해요, 여기 정말 멋있네요.

멋진 장소에 들르게 되면 나도 모르게 입 밖으로 '근사하다', '멋지다'라는 말이 튀어나오죠. 형용사 cool를 사용해서 This is so cool. 처럼 말해요. '여기 정말 근사해요.', '여기 정말 멋있네요.'로 형용사 cool에는 '멋진', '끝내주는'의 뜻이 있답니다.

Colonel I thought this could be our meeting room.
이곳이 우리 회의실이 될 수 있을 거라 생각했어.

Dave Whoa, this is so cool.
와우, 이곳 정말 멋있어요.

365

I was born yesterday.
세상 물정을 잘 몰라.

세상물정에 대해 아무것도 잘 모르는 상황을 마치 어제 태어난 갓난 아이에 비유해서 표현한 말이 I was born yesterday.입니다. '세상 물정을 잘 몰라.'로 태어난 지 이틀밖에 되지 않았기에 세상 돌아가는 상황에 대해서는 전혀 아는 바가 없잖아요.

Ultron You're *unbearably **naive.
넌 너무 순진해 빠졌어.

Jarvis Well, I was born yesterday.
글쎄, 내가 세상 물정을 잘 몰라 그래.

*unbearably 극도로 **naive 순진한

366

I'm on it.
제가 할 게요.

미드나 영화에서 자주 나오는 표현으로 I'm on it.을 직역하면 '내가 그것 위에 있다'예요. 왠지 의미 파악이 쉽지 않네요. 속뜻은 '내가 그걸 떠맡겠다.'로 다시 말해 '제가 할 게요.'의 뜻이에요.

Woman So you are *covering the yard and tool expo, right?
원예도구 전시관은 자기가 다룰 거지, 맞지?

Rebecca I'm on it.
내가 할 게.

*cover 덮다, 취재하다

Review Quiz _____

201 뭐랄까요? 뭐라고 해야 할까요?

What can I _____?

202 우리끼리 이야기인데, 이건 비밀인데

Between you _____ me

203 제 말 그대로 받아들이지 말아요.

Don't take my _____ for it.

204 여기 정말 근사해요, 여기 정말 멋있네요.

This is so _____.

205 세상 물정을 잘 몰라.

I was _____ yesterday.

201 say 202 and 203 word 204 cool 205 born

사적인 질문

개인적인 질문을 하고 싶을 때

●SCENE 대화를 나누다 보면 가끔은 사적인 질문을 하고 싶어질 때가 종종 생깁니다. 개인적인 질문을 하기 전에 먼저 상대방으로부터 양해를 구하고 나서 궁금한 점을 물어보는 게 좋아요.

영화 [Luca] 중에서

What's on your mind?
무슨 생각해요? 무슨 문제 있어요?

일반적인 생각이나 문제를 묻고 싶을 때 What's on your mind?하고 말하게 됩니다. 의미는 '무슨 생각해요?' 또는 '무슨 문제 있어요?'가 되죠.

Paguro   Luca, what's on your mind?
           루카, 무슨 생각해?

Luca   Uh, uh, well, I was just wondering. Where do the boats come from?
           어, 어, 글쎄요. 그냥 궁금했어요. 저 배들은 어디서 온 거죠?

영화 [Notting Hill] 중에서

What do you do?
직업이 뭐예요?

혹시 상대방이 어떤 일을 하고 있는지 궁금할 때 What do you do?하고 물어볼 수 있어요. 뜻은 '직업이 뭐예요?'로 What do you do for a living?처럼 표현하기도 합니다.

Anna   What do you do?
          직업이 뭐예요?

Bernie   I'm actually in the *stock market myself.
          실은 증권가에서 일해요.

*stock market 증권가, 주식 시장

369

What am I doing?
제가 뭐하고 있는 거죠?

지금 자신이 하고 있는 게 도대체 뭔지 궁금해서 하는 말이 What am I doing?입니다. '제가 뭐하고 있는 거죠?'가 되지요.

Buddy　　What? What are you *talking about? You can't do that.
　　　　　뭐? 무슨 소리하는 거야? 그러면 안 되지.

Guy　　　Oh, my God. What am I doing?
　　　　　이런. 내가 뭐하고 있는 거지?

*talk about ~에 대해 얘기하다

370

How are you so good at this?
어떻게 이걸 아주 잘해요?

뭔가를 잘하는 사람에게 be good at(~을 잘하다)을 사용해서 How are you so good at this?하고 물어볼 수 있어요. 의미는 '어떻게 이걸 아주 잘해요?'입니다.

Cooper　　How are you so good at this? You've never even played it before.
　　　　　어떻게 이걸 아주 잘하는 거야? 결코 전에 해 본 적이 없잖아.

Sam　　　I don't know.
　　　　　모르겠어.

371

Where do I know that from?
어디서 듣던 소리죠?

문장 상황에 따라 해석이 좀 달라지는데요, 누군가가 자신에게 익숙한 소리 같지 않으냐고 할 때 Where do I know that from?하고 말하면 '어디서 듣던 소리죠?'처럼 해석합니다.

Cooper　　Does that sound *familiar to you?
　　　　　저 소리 귀에 잊지?

Sam　　　Yeah. Where do I know that from?
　　　　　응. 어디서 듣던 소리지?

*familar 친숙한, 익숙한

185

372

Do you live around here?
이 근처에 살아요?

길에서 우연히 마주친 사람에게 Do you live around here?하고 물어볼 수 있는데요, 뜻은 '이 근처에 살아요?'입니다.

Luca   Do you live around here?
이 근처에 살아?

Alberto   Down here? No, no, no. I just came for my *stuff.
이곳 아래에? 아니, 아니, 아니. 그냥 내 물건 때문에 왔어.

*stuff 물건, 물질

373

You're a man of your word.
당신은 약속을 지키는 사람이군요.

자신이 한 약속을 항상 지키는 사람을 표현할 때 명사 word(약속)를 사용하는데요, You're a man of your word.는 '당신은 약속을 지키는 사람이군요.'입니다.

Derek   Tell me where it is, and I *promise I'll **be on my way and leave you alone.
어디 있는지 말해. 그러면 내 갈 길 가고 당신 혼자 있게 해줄게.

Kara   You're a man of your word, Derek. That's why I ***believe you.
당신은 약속 지키는 사람이지, 데릭. 그 때문에 당신을 믿는 거야.

*promise 약속하다 **be on one's way 길을 떠나다 ***believe 믿다

374

You're amazing.
당신은 대단해요.

형용사 amazing(놀라운, 대단한)을 활용해서 You're amazing.하고 상대방에게 말하면 그 의미는 '당신은 대단해요.'입니다.

Marcos   You're amazing.
넌 대단해.

Tabitha   Oh. Thanks, Marcos.
오. 고마워, 마코스.

375

Are you sure this is gonna work?
이게 정말 효과 있을까요?

동사 work는 '일하다'외에 '작동하다', '효과가 있다'의 뜻으로도 사용됩니다. 그래서 Are you sure this is gonna work?하고 말하면 그 의미는 '이게 정말 효과 있을까요?'가 되지요.

Minna	Gaff, are you sure this is gonna work? 게프, 이게 정말 효과 있을까?
Gaff	Yes, yes, yes, of course. 응, 응, 물론이지.

Review Quiz ——————————————————

206 무슨 생각해요? 무슨 문제 있어요?

What's _____ your mind?

207 제가 뭐하고 있는 거죠?

What am I _____?

208 어디서 듣던 소리지?

Where do I _____ that from?

209 당신은 약속을 지키는 사람이군요.

You're a _____ of your word.

210 이게 정말 효과 있을까요?

Are you sure this is gonna _____?

206 on 207 doing 208 know 209 man 210 work

187

아이디어

괜찮은 아이디어가 생각났을 때

●SCENE 문제를 해결할 만한 좋은 아이디어가 생각나면 함께 공유하고 싶어 집니다. 내가 아닌 남이 제안한 아이디어가 아주 마음에 들 때는 긍정적으로 반응하게 되죠.

영화 [The Croods] 중에서

376

I've got an idea.
저한테 좋은 생각이 있어요.

괜찮은 생각이나 아이디어가 떠올랐을 때 하는 말이 I've got an idea.입니다. '저한테 좋은 생각이 있어요.'의 의미예요.

Guy   I've got an idea. Let's go to that *mountain.
          저한테 좋은 생각이 있어요. 저 산에 갑시다.

Grug   It's too far.
          너무 멀어.

*mountain 산

영화 [Godzilla VS. Kong] 중에서

377

I might have an idea.
좋은 생각이 떠오르는 것 같아요.

누군가가 조언을 구할 때 I might have an idea.처럼 말하면 '좋은 생각이 떠오르는 것 같아요.'입니다. 조동사 might에는 어느 정도 가능성을 내포하고 있어요.

Nathan   Well, I, uh, might have an idea. But it's *crazy.
           음. 좋은 생각이 떠오르는 것 같아요. 하지만 말도 안 되는 얘기죠.

Walter   I love crazy ideas. They made me rich.
           그런 광적인 생각들이 너무 마음에 들죠. 날 부자로 만들었소.

*crazy 미친, 광적인

That's a good idea.
그거 좋은 생각이에요.

좋은 아이디어나 생각을 들었을 때 맞장구치게 되는데요, That's a good idea.처럼요. 의미는 '그거 좋은 생각이네요.'입니다.

Ugga	Grug, how about a story? 여보, 이야기하는 거 어때요?
Grug	Oh, that's a good idea. 오, 그거 좋은 생각이네.

That's a truly great idea.
그거 정말 훌륭한 생각이에요.

상대방의 아이디어가 너무 좋으면 칭찬의 한마디를 건네게 됩니다. 영어로 That's a truly great idea.는 '그거 정말 훌륭한 생각이에요.'의 뜻입니다.

Phil	That's a truly great idea. You've done it. You've *solved both our **problems. 그거 정말 훌륭한 생각이에요. 당신이 해냈어요. 당신이 우리 둘의 문제들을 해결했어요.
Grug	No. Really? 아니요. 정말인가요?

*solve 해결하다 **problem 문제

It's a bad idea.
그건 좋은 생각이 아니에요.

스스로 판단해 볼 때 좋은 생각이기 보다는 나쁜 생각인 것 같을 때 It's a bad idea.처럼 표현합니다. 의미는 '그건 좋은 생각이 아니에요.'입니다.

Eddie	You know, I should be there. 있잖아, 나 거기 가야겠어.
Venom	Uh, no, it's a bad idea. 응, 아니, 그건 좋은 생각이 아니야.

189

381

I don't think it's a good idea.
좋은 생각 같지는 않아요.

스스로 판단하기에 괜찮은 생각 같지는 않다고 할 때 I don't think it's a good idea.처럼 말합니다. 보통 I think it's not a good idea. 하고 말할 것 같지만 네이티브들은 I don't think it's a good idea. 식으로 표현해요. I don't think~처럼 부정으로 먼저 말하는 습관이 있죠. 의미는 '좋은 생각 같지는 않아요.'예요.

Alex   Thing is... I can't *compose without you.
문제는... 당신 없이는 작곡 못해요.

Sophie   Thanks, but I don't think it's a good idea.
고맙지만, 좋은 생각 같지는 않네요.

*compose 작곡하다

382

I have a ballpark figure.
어림짐작으로 대충 알아요.

야구장을 찾은 관객들의 수를 정확히 알 수는 없습니다. 짐작해서 말하게 되는데요, I have a ballpark figure.에서 a ballpark figure가 '대략적인 수치', '어림짐작'을 말하죠. 의미는 '어림짐작으로 대충 알 아요.'입니다.

Alex   You don't know how much *money we made, do you?
우리가 돈을 얼마나 벌었는지 모르잖아. 그렇지?

Chris   I have a ballpark figure.
어림짐작으로 대충 알아.

*make money 돈을 벌다

383

Where would you get an idea like that?
왜 그런 생각을 하게 된 거예요?

글자 그대로 직역하면 '어디서 그런 식으로 생각을 가지게 된 거예 요?'지만 '왜 그런 생각을 하게 된 거예요?'의 뜻으로 Where would you get an idea like that?처럼 말합니다.

Belle   Papa, do you think I'm odd?
아빠, 제가 별난가요?

Maurice   My daughter? Odd? Where would you get an idea like that?
내 딸이? 별나다고? 왜 그런 생각을 하게 된 거지?

384

Do you have any idea how long they've been communicating?
그들이 얼마나 오랫동안 대화를 나누고 있었던 건지 혹시 알아요?

영어로 Do you have any idea how long they've been communicating?은 '그들이 얼마나 오랫동안 대화를 나누고 있었던 건지 혹시 알아요?'로 동사 communicate는 '대화하다'입니다.

Nathan Do you have any idea how long they've been communicating?
        그들이 얼마나 오랫동안 대화를 나누고 있었던 건지 혹시 알아요?

Ilene   No. I knew that they *had a bond.
        아니요. 그들은 통하는 게 있었다는 걸 알았어요.

*have a bond 유대감이 있다, 통하는 게 있다.

Review Quiz

211 저한테 좋은 생각이 있어요.

I've _____ an idea.

212 그거 좋은 생각이에요.

That's a _____ idea.

213 그건 좋은 생각이 아니에요.

It's a _____ idea.

214 어림짐작으로 대충 알아요.

I have a _____ figure.

215 그들이 얼마나 오랫동안 대화를 나누고 있었던 건지 혹시 알아요?

Do you have any _____ how long they've been communicating?

211 got 212 good 213 bad 214 ballpark 215 idea

제안

뭔가를 같이 하자고 제안하고 싶을 때

• SCENE 뭔가 혼자 하는 것보다 누군가와 함께 하는 게 더 좋을 것 같다고 느껴지면 적극적으로 제안하게 됩니다. 영화를 볼 수도 있고 여행도 같이 갈 수도 있는데 Why don't you(we)~?(~하는 게 어때요?) 패턴을 사용하면 되죠.

영화 [Super 8] 중에서

385

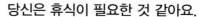

I think you need to take a break.
당신은 휴식이 필요한 것 같아요.

보통 잠깐의 휴식을 말할 때 break를 사용합니다. 영어로 I think you need to take a break.는 '당신은 휴식이 필요한 것 같아요.'입니다.

Jack   Sheriff, I think you need to go check it out.
당신은 서장님, 가서 확인해 보셔야 할 것 같습니다.

Sheriff   And I think you need to take a break.
그리고 자네는 휴식이 필요한 것 같군.

영화 [Nobody] 중에서

386

I'd really like that.
그거 정말 좋아요.

좋은 제안을 받게 되면 I'd really like that.하고 긍정적인 답변을 주게 되는데요, 뜻은 '그거 정말 좋아요.'입니다. 여기서 I'd는 I would의 줄임말입니다.

Hutch   How about I make that *lasagna that you love tonight? You know, from scratch, like I used to. It's been a while.
오늘밤 내가 당신이 정말 좋아하는 그 라자냐 요리하는 게 어떨까? 그러니까, 예전처럼 처음부터 말이야. 오래만이잖아.

Rebecca   I'd really like that.
그거 정말 좋아요.

*lasagna 라자냐(이탈리아 파스타의 하나)

387

I'd love that.
그거 정말 좋아요, 그거 정말 마음에 들어요.

스스로 생각하기에 괜찮은 제안이라고 느껴지면 긍정적인 답변으로 I'd love that.하고 말할 수 있어요. 동사 love에는 '정말 좋아하다'의 뜻이 있어 '그거 정말 좋아요.' 또는 '그거 정말 마음에 들어요.'의 의미가 되죠.

Hutch   Hey, how about we all head to Italy this summer? We've always talked about going back.
저기, 이번 여름에 우리 모두 이탈리아로 가는 게 어떨까? 늘 돌아가는 거 얘기했잖아.

Rebecca   Oh, I'd love that.
오, 그거 정말 좋아요.

388

Let's go for a walk.
산책하러 갑시다.

좋은 생각이 있으면 주저 없이 함께 하자고 제안하게 됩니다. 숙어로 go for a walk는 '산책하러 가다'로 Let's go for a walk.는 '산책하러 갑시다.'입니다. 보통 Let's~는 '~합시다'의 뜻으로 사용되는 패턴이에요.

Sophie   Let's go for a walk.
산책하러 가죠.

Alex   A walk? What, now?
산책이요? 뭐, 지금요?

Sophie   Yeah.
네.

389

Let's meet up again sometime soon.
조만간 다시 만나요.

뭔가 제안을 할 때 Let's~ 패턴을 사용하기도 합니다. 즉 Let's meet up again sometime soon.은 '조만간 다시 만나요.'의 뜻입니다. 숙어로 meet up은 '만나다'이고 sometime soon의 의미는 '조만간'입니다.

Millie   Let's meet up again sometime soon.
조만간 다시 만나요.

Guy   Yes. *Definitely.
네. 당연하죠.

*definitely 물론, 확실하게

390

That sounds like fun.
재밌겠네요.

어떤 제안을 듣고 스스로 판단하기에 재밌을 것 같다고 생각 들면 That sounds like fun.하고 맞장구를 치게 됩니다. 이 말은 '재밌겠네요.'의 뜻으로 명사 fun은 '재미', '즐거움'을 말해요.

Khan   Alex, I have Sophie here for you.
알렉스, 소피라는 분이 찾아왔어요.

Alex   That sounds like fun. Who is she?
재밌겠네요. 그녀가 누구죠?

391

How would you like to go to work with me today?
오늘 저랑 출근하는 게 어때요?

제안을 할 때 How would you like to~?하고 하면 '~하는 게 어때요?'로 How would you like to go to work with me today?는 '오늘 저랑 출근하는 게 어때요?'입니다.

E.B.'s Dad   So, how would you like to go to work with me today?
자, 오늘 나랑 출근하는 게 어때?

E.B.   Would I? That sounds awesome.
저랑요? 그거 멋진데요.

392

Why don't we take a walk?
우리 산책하는 게 어때요?

의문사 why를 활용해서 Why don't we~?처럼 표현하면 '우리 ~ 하는 게 어때요?'입니다. 여기에 '산책하다'의 take a walk을 넣어 Why don't we take a walk?하고 말하면 그 뜻은 '우리 산책하는 게 어때요?'예요.

Mrs. Beck   So, why don't we take a walk and I can tell you a little bit about the company?
자, 우리 산책하면서 제가 회사에 대해 좀 얘기해 주는 게 어떨까요?

Fred   Okay.
알았어요.

393

Why don't you meet me in the lobby about 6:30?
6시 30분쯤에 로비에서 만나는 게 어때요?

제안할 때 Why don't you~? 패턴을 많이 사용합니다. 이를 활용해서 Why don't you meet me in the lobby about 6:30?처럼 말하면 '6시 30분쯤에 로비에서 만나는 게 어때요?'가 되지요.

Red   Why don't you meet me in the lobby about 6:30?
We'll get something to eat, have a little talk.
6시 30분쯤에 로비에서 만나는 게 어때? 먹으면서 잠깐 얘기나 하지.

Roy   Fine.
좋아요.

Review Quiz

216   당신은 휴식이 필요한 것 같아요.

I think you need to take a _____.

217   그거 정말 좋아요, 그거 정말 마음에 들어요.

I'd _____ that.

218   조만간 다시 만나요.

Let's meet up again _____ soon.

219   오늘 저랑 출근하는 게 어때요?

How would you like to go to _____ with me today?

220   6시 30분쯤에 로비에서 만나는 게 어때요?

Why don't you _____ me in the lobby about 6:30?

216 break 217 love 218 sometime 219 work 220 meet

Unit 06
MP3

식사 같이 하실래요?

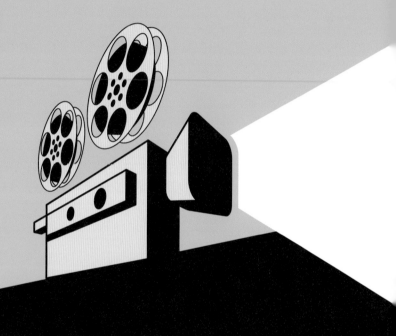

음주

술 한 잔 같이 하자고 할 때

● SCENE 아는 지인이나 친구를 만날 때 상황에 따라서는 술 한 잔 하면서 대화하자고 제안할 수 있는데요, 술이 오가는 중에 진솔한 얘기를 나누다 보면 서로를 더 잘 알게 됩니다.

394

I'm having a drink.
술 한 잔 하고 있어요.

혼자 술 마시고 싶을 때가 종종 있습니다. 누군가가 다가와 뭐하고 있냐고 물을 때 '술 한 잔 하고 있어요.'처럼 대답하고 싶다면 I'm having a drink.하고 말하면 되죠. 여기서 동사 have는 '마시다'입니다.

Alma	What are you doing? 뭐하고 있어요?
Dylan	I'm having a drink. 술 한 잔 하고 있어요.

Shorts

395

I'll have a gin and tonic.
진토닉 한 잔 주세요.

동사 have를 '가지다' 뜻 외에 '마시다' 또는 '먹다'의 의미로도 사용합니다. 영어로 I'll have a gin and tonic.이라고 하면 그 뜻은 '진토닉 한 잔 주세요.'입니다.

Man	I'll have a gin and tonic. 진토닉 한 잔 주세요.
Rebecca	*Absolutely. 물론이죠.

*absolutely 절대적으로, 물론

396

What can I get for you?

뭐 드릴까요?

술집 같은 곳에 들르게 되면 직원이 먼저 다가와 What can I get for you?하고 말을 건네게 되는데요, '뭐 드릴까요?'의 뜻입니다. 물론 식당 같은 곳에서도 자주 사용하는 표현이기도 하죠.

Bartender	What can I get for you?
	뭐 드릴까요?
Freddie	Pint of lager.
	맥주 한 잔 부탁해요.

397

You want a drink?

술 한 잔 할래요?

원래는 Do you want a drink?처럼 물어야 하는데요, 평서문 You want a drink?처럼 끝을 약간 올려 발음하면 의문문처럼 들립니다. 뜻은 '술 한 잔 할래요?'입니다.

Dick	Hey, you want a drink?
	자기야, 술 한 잔 할래?
Ann	I do, if you want me to *dance.
	응, 내가 춤추길 원한다면야.

*dance 춤을 추다

398

May I fix you a drink?

술 한 잔 드릴까요?

누군가에게 May I fix you a drink?처럼 말하면 '술 한 잔 드릴까요?'입니다. 동사 fix는 '고치다'지만 '마련하다', '순비하다'의 뜻도 됩니다.

Bartender	May I fix you a drink, sir?
	술 한 잔 드릴까요?
Mathis	What are you drinking?
	뭐 마시고 있는 거야?

399

Could I get a gin and tonic when you get a chance?
시간 될 때 진토닉 한 잔 주시겠어요?

술 한 잔 부탁할 때 Could I get a gin and tonic when you get a chance?처럼 말한다면 '시간 될 때 진토닉 한 잔 주시겠어요?'의 뜻입니다.

Jennifer Hi, excuse me. Could I get a gin and tonic when you get a chance?
저기요. 시간 될 때 진토닉 한 잔 주시겠어요?

Nancy Of course.
물론이죠.

400

It's on the house.
공짜에요, 무료입니다.

음식 값이나 술값 등을 손님이 아닌 주인이 부담하겠다고 할 때 It's on the house.처럼 표현해요. '공짜에요.', '무료입니다.'의 뜻으로 명사 house는 '집'이 아닌 '술집', '식당'을 의미합니다.

Marty Hey, *have a drink. It's on the house.
이봐, 술 한잔해. 공짜야.

Alex This is **seawater.
이거 바닷물이잖아.

*have a drink 술 한 잔 하다 **seawater 바닷물

401

Have some wine.
와인 좀 드세요.

동사 have에는 '가지다'의 뜻 말고도 '먹다' 또는 '마시다'라는 의미가 있어요. 누군가에게 Have some wine.하고 말하면 '와인 좀 드세요.'입니다.

Max Have some wine.
와인 좀 드세요.

Anna Thank you.
고마워요.

402

Cheers!
건배!

술자리에서 함께 한 친구나 가족 또는 동료에게 건배 잔을 함께 하
자고 제안하게 되는데요. '건배!'처럼요. 간단하게 Cheers!입니다.

Bryan   Thanks for *coming over. Cheers!
       와줘서 고마워. 건배!

Lenore   Cheers!
       건배!

*come over 집에 오다, 들르다

Review Quiz ────────────────────

221   술 한 잔 하고 있어요.

I'm _____ a drink.

222   뭐 드릴까요?

What can I _____ for you?

223   술 한 잔 드릴까요?

May I _____ you a drink?

224   공짜에요, 무료입니다.

It's on the _____.

225   건배!

_____!

221 having 222 get 223 fix 224 house 225 Cheers

201

음료

차나 커피 한잔 하자고 할 때

● SCENE 친구나 직장동료와 함께 식사 후 커피 한 잔 하면서 못다 한 얘기를 나누고 자 할 때, 근처 가까운 곳에 있는 커피숍에 가서 커피나 차 한 잔 하자고 제안해 보세요.

403

Would you like some?
좀 드릴까요?

커피숍에서 직원이 다가와 손님에게 커피를 권할 때 Would you like some?하고 말하기도 합니다. 의미는 '좀 드릴까요?'로 Would you like some coffee?처럼 좀 더 구체적으로 표현하기도 하죠.

Waitress Would you like some?
좀 드릴까요?

Ethan I'm okay, sweetheart.
괜찮아요, 아가씨.

404

Would you like a cup of tea?
차 한 잔 하시겠어요?

집을 찾아온 손님에게 차를 대접하고 싶을 때 Would you like a cup of tea? 표현이 유용합니다. 의미는 '차 한 잔 하시겠어요?'예요.

William Would you like a cup of tea before you go?
가시기 전에 차 한 잔 하시겠어요?

Anna No.
아니요.

405

Would you like to have tea with me?
저랑 차 한 잔 하시겠어요?

누군가와 차라도 한 잔 하고 싶을 때 Would you like to have tea with me?하고 말을 먼저 건네게 됩니다. '저랑 차 한 잔 하시겠어요?'로 have tea with는 '~와 차를 마시다'입니다.

Freddie　Would you like to have tea with me?
　　　　나랑 차 한 잔 하겠소?

Jim　　　Tea?
　　　　차?

406

Can I get you something?
뭐 좀 갖다 줄까요?

집에 누군가를 초대하면 먼저 마실 것을 대접하게 되는데요, Can I get you something?은 '뭐 좀 갖다 줄까요?'의 뜻으로 something 다음에 to drink(마실 것) 또는 to eat(먹을 것)을 넣어 표현하기도 하죠.

Joe　　　Can I get you something?
　　　　뭐 좀 갖다 줄까요?

Colin　　No, I'm fine.
　　　　아니요, 괜찮아요.

407

Could I have a coffee, please?
커피 한 잔 주시겠어요?

커피숍에서 직원에게 Could I have a coffee, please?하고 부탁할 수 있어요. '커피 한 잔 주시겠어요?'의 뜻으로 동사 have에는 '마시다'의 뜻이 있어요.

Charles　Could I have a coffee, please? Cream *on the side?
　　　　커피 한 잔 주시겠어요? 크림이 곁들인?

Waitress　Sure.
　　　　알았어요.

*on the side 덤으로

Shall I go and get you a cappuccino?
가서 카푸치노 사올까요?

주위 사람에게 Shall I go and get you a cappuccino?처럼 말 건네면 '가서 카푸치노 사올까요?'의 뜻입니다. 동사 get에는 '사다'외에 '갖다 주다'라는 의미도 있어요.

Martin   Shall I go and get you a cappuccino? You know, *ease the **pain a bit.
가서 카푸치노 사올까요? 고통이 좀 완화되잖아요.

William   Yeah. Yeah. Better make it a half. All I can ***afford.
그래. 반잔만 사와. 나 돈 없어.

*ease 완화시키다 **pain 고통 ***afford 여유가 있다

I'd like the same, please.
같은 걸로 주세요.

차나 커피를 주문할 때 자신도 같은 걸로 하겠다고 할 때 I'd like the same, please.하고 말합니다. 의미는 '같은 걸로 주세요.'이죠.

Iris   I'd like the same, please.
같은 걸로 주세요.

Al   Two lemonades, *coming up.
레모네이드 두 잔이요. 알았어요.

*coming up 곧 됩니다. 알겠습니다.

Help yourself.
마음껏 드세요.

누군가를 집이나 파티에 초대할 경우 반갑게 맞이하면서 소파나 의자에 앉으라고 말하게 되는데요. 그 다음에 마실 거나 먹을 것을 주면서 Help yourself.하고 말 한마디 건네게 되죠. '마음껏 드세요.'의 뜻이에요.

Al   What can I get you?
뭘 드릴까요?

Iris   One of those, cup of coffee.
커피 한 잔 주세요.

Al   Okay. Help yourself.
알았어요. 마음껏 드세요.

411

Say when.
적당할 때 말하세요.

집에 초대한 지인에게 술이나 음료를 따라 주거나 음식을 덜어주면서 Say when.하고 말하면 '언제를 말하세요.'처럼 왠지 생뚱맞게 들릴 겁니다. 이 표현은 '적당할 때 말하세요.'의 의미로 대답은 When.입니다.

Rhonda   Say when.
               적당할 때 말하세요.

Alex   When, when, when. Thank you.
               충분해요, 됐어요, 고마워요.

Review Quiz

226 좀 드릴까요?

Would you _____ some?

227 저랑 차 한 잔 하시겠어요?

Would you like to have tea _____ me?

228 커피 한 잔 주시겠어요?

Could I _____ a coffee, please?

229 같은 걸로 주세요.

I'd like the _____, please.

230 적당할 때 말하세요.

Say _____.

226 like 227 with 228 have 229 same 230 when

식사를 함께 하자고 제안할 때

• SCENE 맛있는 음식을 먹게 되면 기분이 절로 좋아지게 됩니다. 혼자 먹는 것보다 평소에 잘 알고 지내던 사람과 함께 한다면 즐거움이 배가되겠죠. 같이 식사하자고 제안할 때 사용할 수 있는 영어 표현들입니다.

I'm famished.
배고파 죽을 지경이야, 배고파 미치겠어.

하루 종일 아무 것도 안 먹고 지냈다면 배고파서 죽을 지경이 되겠죠. 영어로 I'm famished.하고 말합니다. 격이 없이 친한 사이에서 자주 사용하는 표현으로 '배고파 죽을 지경이야.', '배고파 미치겠어.'의 의미예요.

Richmond   Hope you're hungry.
           배고팠길 바라요.

Harry   I'm famished.
           배고파 죽을 지경이요.

Richmond   Good.
           잘됐군.

I'm starving.
배고파 죽겠어요.

네이티브들은 '배고파 죽겠어요.'를 I'm starving.처럼 표현합니다. 동사 starve는 '굶다', '굶주리다'로 직역하면 '난 지금 굶주렸어요.'지만 자연스럽게 의역하면 '배고파 죽겠어요.'입니다.

Yi   I can't believe how beautiful it is out here.
      이곳이 얼마나 아름다운지 믿기지가 않아.

Jin   I can't believe I haven't eaten in 24 hours. I'm starving.
      24시간 식사 안했다는 게 믿기지가 않아. 배고파 죽겠어.

Can I get you something to eat?
먹을 것 좀 갖다 줄까요?

집에 손님을 초대했을 때 때로는 먹을 거나 마실 것을 줄때가 있습니다. 이때 Can I get you something to eat?하고 말하면 그 뜻은 '먹을 것 좀 갖다 줄까요?'입니다.

Lloyd	Are you *hungry? Can I get you something to eat?
	배고파? 먹을 것 좀 갖다 줄까?
Penny	Sure!
	좋아요!

*hungry 배고픈

I just want something to eat.
그냥 먹을 게 필요해요.

배고프면 먹을 걸 찾게 됩니다. 영어로 I just want something to eat.은 '그냥 먹을 게 필요해요.'로 something to eat은 '먹을 것'을 의미해요.

Eep	Why are you *rolling away?
	왜 굴러가는 거야?
Guy	I just want something to eat.
	그냥 먹을 게 필요해.

*roll away 굴러가다

I ate on my way back.
돌아오는 길에 먹었어요.

집으로 돌아오는 길에 어딘가에 들러 식사를 했다고 할 때 on my way back을 사용해서 I ate on my way back.하고 말합니다. 의미는 '돌아오는 길에 먹었어요.'가 되지요.

Nai Nai	We've been *waiting for you to eat.
	네가 식사하기만을 기다리고 있었어.
Yi	Oh, I ate on my way back. So I'm good.
	오, 돌아오는 길에 먹었어요. 그래서 괜찮아요.

*wait for ~을 기다리다

207

417

I would love to take you for dinner.
저녁 식사 정말 대접하고 싶어요.

식사를 대접하고 싶을 때 동사 take를 활용해서 take 사람 for dinner처럼 말하기도 합니다. 영어로 I would love to take you for dinner.는 '저녁 식사 정말 대접하고 싶어요.'입니다.

Albert   I would love to take you for dinner.
저녁 식사 정말 대접하고 싶어요.

Susan   Okay. Yeah, I think that would be *nice.
알았어요. 응, 그거 괜찮겠네요.

*nice 좋은, 괜찮은

418

Dinner is on me.
저녁은 제가 살게요.

가끔은 친구나 동료에게 식사를 한 턱 내고 싶을 때가 있어요. Dinner is on me.라고 하면 '저녁은 제가 살게요.'의 뜻이죠. 저녁을 자신이 부담하겠다는 의미입니다.

Cass   Dinner is on me.
저녁은 내가 사지.

Fred   Yes! Nothing is better than free food!
좋아요! 공짜 음식 보다 더 좋은 건 없죠!

419

Dig in.
자, 이제 먹자.

마치 숟가락을 삽처럼 사용해서 음식을 푸는 모습을 빗대어 한 말이 Dig in.입니다. 우리말에 '자, 이제 먹자.'가 되지요.

Nai Nai   Everybody, dig in.
얘들아, 자, 이제 먹자.

Peng   Wow. I *totally see what you **mean about these ***pork buns.
와우. 이 돼지고기 만두가 어떤 건지 완전 알 것 같아.

*totally 전적으로, 완전히 **mean 의미하다 ***pork bun 돼지고기 만두

 208

420

That smells good.
그거 냄새가 좋군요.

음식의 냄새가 좋다고 할 때 That smells good.처럼 말합니다. '그거 냄새가 좋군요.'로 불완전자동사 smell 다음에는 형용사가 나와요.

Artemis	That smells good.
	그거 냄새가 좋군.
Monster Hunter	Catch Cephalos.
	세팔로스를 잡았어.
Artemis	I'll eat anything *at this point.
	지금으로선 아무거나 먹을 거야.

*at this point 현재, 이 시점에서

Review Quiz

231 배고파 죽을 지경이야, 배고파 미치겠어.

I'm _____.

232 먹을 것 좀 갖다 줄까요?

Can I get you _____ to eat?

233 돌아오는 길에 먹었어요.

I ate _____ my way back.

234 저녁은 제가 살게요.

Dinner is _____ me.

235 그거 냄새가 좋군요.

That smells _____.

231 famished 232 something 233 on 234 on 235 good

Unit 07

MP3

전화 왔어요!

전화통화

누군가와 전화통화하고 싶을 때

● SCENE 전화 통화하고 싶은 사람이 친구일 수도 있고 함께 일하고 있는 직장 동료일 수도 있습니다. 갑자기 전화 통화하고 싶을 때 Can I speak to+사람?(~와 통화할 수 있어요?) 패턴이 유용합니다.

421

영화 [Terminator : Dark Fate] 중에서

You got a phone?
전화기 있어요?

혹시 전화기가 있는지 궁금해서 묻는 말로 You got a phone?는 '전화기 있어요?'입니다. 보통 평서문 끝을 살짝 올려 말하면 의문문처럼 들리게 됩니다.

Sarah Hey, you got a phone?
이봐, 전화기 있어?

Dani Yes.
네.

Sarah Could I see it *for a sec?
잠깐 볼 수 있을까?

*for a sec 잠시, 잠깐 동안

422

영화 [White House Down] 중에서

Who is this?
(전화상에서) 누구시죠?

집 전화로 걸려오면 수화기를 들고 나서 '누구세요?'라고 묻게 됩니다. 전화상에서는 Who is this? 또는 Who's calling?이라고 표현해요.

Carol Hello, this is Carol Finnerty. Who is this?
여보세요, 캐럴 핀너티입니다. 누구시죠?

Martin It's me, Carol. You should've called *already.
나야, 캐럴. 진작 전화했어야지 말이야.

*already 이미, 벌써

423

You read me?
내 말 들려요?

무전기로 대화를 나누려고 할 때 자신의 말을 상대방이 듣고 있는지 궁금해 You read me? 처럼 말 건넨다면 '내 말 들려요?'의 뜻입니다. 동사 read에는 '(남의) 말을 경청하다'라는 의미가 있어요.

Dixon   Dixon here. You read me?
         딕슨이야. 내 말 들려?

Perkins   You got her?
         그녀 붙잡았어?

424

Do you wanna take the call?
전화 받을래요?

누군가로부터 전화가 걸려왔을 때 자신에게 온 전화가 아닌 남에게 온 거라면 Do you wanna take the call?하고 얘기하게 되는데요, 의미는 '전화 받을래요?'입니다.

Woman   Sheriff? Your wife's calling. Do you wanna take the call?
         보안관님? 부인께서 전화하셨어요. 전화 받으실래요?

Sheriff   Absolutely not.
         절대로 안 받아.

425

Do you want my phone number?
제 전화번호 드릴까요?

혹시 상대방이 자신의 전화번호를 원하는지 궁금할 때 Do you want my phone number? 처럼 물어볼 수 있어요. 복합명사 phone number는 '전화번호'로 '제 전화번호 드릴까요?'의 뜻이 되지요.

Rufus   Do you want my phone number?
        제 전화번호 드릴까요?

Anna   *Tempting, but no. Thank you.
        구미당기지만 아니요. 고마워요.

*tempting 유혹하는, 매혹적인

213

426

I'll put you right through.
바로 연결해드리겠습니다.

누군가와 전화 통화를 원하는 사람에게 I'll put you right through.처럼 얘기한다면 그 의미는 '바로 연결해 드리겠습니다.'입니다.

William   I don't *suppose Flintstone **rings any bells, does it?
          플린스톤이라는분 기억 안 나시겠죠, 그렇죠?

Hotel Clerk   I'll put you right through.
          바로 연결해드리겠습니다.

*suppose 생각하다, 가정하다 **ring a bell 생각나게 하다

427

I have to make some calls.
전화 몇 통 해야겠어요.

'전화하다'를 동사 call로 말하지만 때로는 call을 명사로 사용해서 make some calls처럼 얘기하면 '전화 몇 통하다'입니다. 영어로 I have to make some calls.는 '전화 몇 통 해야겠어요.'의 의미예요.

Rebecca   I just, um, I have to make some calls. I'll see you in New York.
         그냥, 음, 전화 몇 통 해야겠어요. 뉴욕에서 뵐게요.

Alicia   Too bad. See ya.
         유감이네요. 잘가요.

428

Director Frobisher would like to speak with you.
소장 프로비셔께서 당신과 통화하고 싶어 합니다.

누군가가 전화기로 Director Frobisher would like to speak with you.처럼 말한다면 그 뜻은 '소장 프로비셔께서 당신과 통화하고 싶어 합니다.'입니다.

Woman   Director Frobisher would like to speak with you.
         소장 프로비셔께서 당신과 통화하고 싶어 합니다.

Will   Sure enough. Put him on.
         아니나 다를까요. 그를 연결해 주세요.

429

Hang on a second.
잠깐만요, 잠시 기다리세요.

하고 있던 동작을 잠시만 멈추라고 할 때나 전화를 끊지 않고 기다리고 있으라고 할 때 사용합니다. 영어로 Hang on a second.는 '잠깐만요.', '잠시 기다리세요.'의 뜻이에요. 명사 second는 '(시간) 초'가 아닌 '잠깐'의 의미입니다.

He   Just hang on a second. Okay. Are we *ready? Are we ready?
잠깐만. 됐어. 준비됐어? 준비된 거지?

Man   Yeah. Let's go.
응. 시작해.

*ready 준비된

Review Quiz

236 전화기 있어요?

You _____ a phone?

237 내 말 들려요?

You _____ me?

238 제 전화번호 드릴까요?

Do you want my phone _____?

239 전화 몇 통 해야겠어요.

I have to _____ some calls.

240 잠깐만요, 잠시 기다리세요.

_____ on a second.

236 got 237 read 238 number 239 make 240 Hang

215

SCENE 25

전화통화
전화 문제가 발생하거나 끊어야만 할 때

●SCENE 급한 일로 전화를 끊어야만 할 때 네이티브들은 동사 go로 표현합니다. 뜻은 '가다'지만 전화를 끊을 때 사용하기도 하죠. 반대로 전화 통화 중 상대의 말이 끊겨 들릴 때는 You're breaking up.(목소리가 끊겨서 들려요)입니다.

영화 [Yesterday] 중에서

I've got to go.
전화 끊어야겠어요.

동사 go에는 '가다'라는 기본뜻이 있는데요, 전화상에서 I've got to go.하고 말하면 그 의미는 '나 가야돼요.'가 아닌 '전화 끊어야겠어요.'입니다. 같은 표현이라도 상황에 따라서는 좀 달리 해석됩니다.

Jack   I've got to go.
           전화 끊어야겠어.

Ellie   Oh, God, yeah. Of course you do.
           오, 이런, 응. 물론 그래야겠지.

영화 [Into The Storm] 중에서

I gotta go.
이제 가야겠어요, 전화 끊어야겠어요.

급한 일로 지금 자리를 떠야 할 경우, '이제 가야겠어요.'로 I gotta go.처럼 말합니다. 때로는 전화통화중에 '전화 끊어야겠어요.'의 뜻으로도 사용하죠. 통화 전까지 하던 일을 끝내기 위해 전화를 끊어야 한다는 뜻이에요.

Allison   Listen, I gotta go. But I'm gonna check in with you every couple hours, okay?
           잘 들어, 전화 끊어야겠어. 하지만 매 두 시간 마다 연락할 게, 알았지?

Grace   Promise me you'll be home soon?
           곧 집에 온다고 약속하는 거지?

 216

432

Let me call you back.
제가 다시 전화할게요.

전화통화중에 Let me call you back.처럼 표현하면 '제가 다시 전화할게요.'로 여기서 call back은 '이쪽에서 전화를 걸다'입니다.

Ethan　　**Babe**, let me call you back.
　　　　　여보, 내가 다시 전화할게.

Allison　　Sure, okay. Bye, babe.
　　　　　알았어. 안녕, 자기야.

433

I'll get back to you.
나중에 다시 연락할게요.

전화상에서 I'll get back to you.하고 말하면 그 의미는 '나중에 다시 연락할게요.'입니다. 숙어로 get back to는 '다시 연락하다'이에요.

Monica　　I'll get back to you.
　　　　　나중에 다시 연락할게요.

Gerry　　I'm sure you will.
　　　　　물론 그러시겠죠.

434

You're breaking up.
목소리가 자꾸 끊겨서 들려요.

전화통화중에 자꾸 상대방의 목소리가 끊겨 들리면 통화하기가 좀 힘들어집니다. 보통 break up을 사용해서 You're breaking up.처럼 표현하죠. 의미는 '목소리가 자꾸 끊겨서 들려요.'입니다.

Lloyd　　Penny?
　　　　페니?

Penny　　I can't hear you, you're breaking up.
　　　　안 들려요, 목소리가 자꾸 끊겨서 들려요.

217

435

Can you hear me?
제 말 들려요?

전화 통화 중에 상대방이 전혀 반응을 보이지 않을 때 혹시나 해서 Can you hear me?하고 물어보게 됩니다. 의미는 '제 말 들려요?'이죠.

Mark Madison, where are you?
매디슨, 어디에 있는 거니?

Madison Dad, can you hear... Can you hear me? I'm in Hong Kong.
아빠, 들려요... 제 말 들려요? 저 홍콩에 있어요.

436

The phone is dead.
전화기가 불통이에요, 전화기가 꺼졌어요.

어떤 장애로 인해 전화기가 불통 났을 때 be dead를 활용해서 The phone is dead.처럼 표현합니다. 숙어로 be dead는 '(기계가) 꺼지다'로 '전화기가 불통이에요.', '전화기가 꺼졌어요.'처럼 자연스럽게 해석하면 되죠.

Casey Phone's dead.
전화기가 불통이에요.

Randy My *cell doesn't have any **bars.
제 독방에는 어떤 장해물도 없어요.

*cell 독방 **bar 장해물

437

Why didn't you call me?
왜 저에게 전화 안 했어요?

목 빠지게 기다리던 전화가 상대방으로부터 오지 않으면 어떤 이유로 전화 못했는지 궁금해 묻게 됩니다. 영어로 Why didn't you call me?처럼요. 뜻은 '왜 저에게 전화 안 했어요?'이죠.

Ludlow There was something I had to tell you.
너한테 해야 할 말이 있었어.

Sam Why didn't you call me, then?
그러면 왜 나한테 전화 안 했어?

Review Quiz ——————————————————————

241 전화 끊어야겠어요.

I've got to _____.

242 제가 다시 전화할게요.

Let me call you _____.

243 목소리가 자꾸 끊겨서 들려요.

You're _____ up.

244 전화기가 불통이에요, 전화기가 꺼졌어요.

The phone is _____.

245 왜 저에게 전화 안 했어요?

Why _____ you call me?

241 go 242 back 243 breaking 244 dead 245 didn't

메시지

메시지나 문자를 남길 때

• SCENE 전화통화 대신에 메시지나 문자를 남길 때가 있어요. 숙어로 leave a message는 '메시지를 남기다'고 동사로 text는 '문자를 보내다'입니다. 요즘에는 문자로 대화를 나누는 게 아주 보편화되었어요.

438

These texts came from outside Laredo.
이 문자들은 러레이도 외곽에서 왔어요.

받은 문자가 어디에서 왔다고 할 때 These texts came from~ 패턴을 활용해서 표현할 수 있습니다. 영어로 '이 문자들은 러레이도 외곽에서 왔어요.'를 These texts came from outside Laredo.처럼 말해요.

Dani   What's wrong? What is it?
뭐가 잘못됐죠? 왜 그래요?

Grace   These texts came from outside Laredo.
이 문자들은 러레이도 외곽에서 왔어.

439

I get these texts.
이런 문자들을 받아요.

보통 영어로 I get these texts.는 '이런 문자들을 받아요.'의 의미예요. 남으로부터 메시지나 문자 따위를 받을 때 동사 get을 사용합니다.

Dani   Sarah, how did you know we would be on that bridge?
사라, 우리가 그 다리위에 있을 거라는 거 어떻게 알았어요?

Sarah   I get these texts.
이런 문자들을 받아.

 220

I have your urgent messages.
긴급한 메시지가 왔어요.

상대방에게 급한 메시지가 왔을 때 I have your urgent messages.하고 말합니다. 형용사 urgent는 '긴급한'의 뜻으로 의미는 '긴급한 메시지가 왔어요.'가 되죠.

Arlene
I have your urgent messages.
긴급한 메시지가 왔어요.

Jenny
Let's hear them.
들어보죠.

Her driver just text messaged.
그녀의 운전기사가 방금 문자 보냈어요.

영어로 Her driver just text messaged.는 '그녀 운전기사가 방금 문자 보냈어요.'로 동사로 text message는 '문자 메시지하다'로 text처럼 쓰기기도 합니다.

Nigel
She's not supposed to be here until 9:00.
그녀는 9시나 되서야 출근하는 데 말이야.

Emily
Her driver just text messaged, and her *facialist **ruptured a disc.
그녀 운전기사가 방금 문자 보냈는데 피부 관리사가 디스크를 다쳤대요.

*facialist 피부 관리사 **rupture 파열시키다

Leave a message.
메시지를 남겨요.

지금 당장은 통화하기가 좀 힘들 때 상대방에게 메시지를 남기라고 부탁하게 됩니다. 영어로 Leave a message 처럼 말이죠. 뜻은 '메시지를 남겨요.'입니다.

Breeze
Leave a message and I *probably won't **get back to you.
메시지를 남기면 아마도 연락을 못할 겁니다.

Will
Hey, Breeze. It's Will. Look, I'm in town.
이봐, 브리즈. 윌이야. 있잖아, 나 시내에 있어.

*probably 아마도 **get back to 돌아가다, 다시 연락하다

443

Please leave your name and number.
성함과 전화번호를 남겨주세요.

부재중에 집으로 전화가 걸려올 경우를 대비해서 Please leave your name and number. 처럼 전화 메시지를 남겨놓으면 '성함과 전화번호를 남겨주세요.'의 뜻입니다. 명사 number는 '전화번호'를 말해요.

Rebecca   Hi. This is Rebecca Mansell. Please leave your name and number, and I'll call you right back.
안녕하세요. 레베카 맨셀입니다. 성함과 전화번호를 남기시면 바로 다시 전화 드릴게요.

Hutch   Becca, it's me. I, uh, I *owe you everything.
여보, 나야. 어, 당신에게 너무나 많은 신세를 졌어.

*owe 신세지다, 빚지다

444

You did get my text, right?
제 문자 받았죠, 그렇죠?

피치 못할 경우에는 전화 대신에 문자를 남길 때가 있습니다. 영어로 You did get my text, right?은 '제 문자 받았죠, 그렇죠?'로 숙어로 get one's text는 '~의 문자를 받다'입니다.

Pete   You did get my text, right?
내 문자 받았지, 맞지?

Carl   What? Text? What?
뭐? 문자? 뭐라고?

445

Have you gotten my note?
제 메시지는 받았어요?

자신이 남긴 메시지를 상대방이 받았는지 확인하기 위해 Have you gotten my note?하고 물어볼 수 있어요. 의미는 '제 메시지는 받았어요?'입니다. 명사 note는 '메모'를 뜻해요.

Miranda   Have you gotten my note?
제 메시지는 받았어요?

Man   Yes, I did. We'll *discuss it **on Wednesday.
네, 받았어요. 수요일에 얘기 나눕시다.

*discuss 토론하다 **on Wednesday 수요일에

 222

Why aren't you taking notes?
왜 메모 안 하는 거죠?

중요한 내용은 메모를 하는 게 당연하데요, 상대방이 그렇게 하지 않을 때 Why aren't you taking notes?하고 한마디 하게 되죠. 뜻은 '왜 메모 안 하는 거죠?'로 숙어로 take notes는 '기록하다'입니다.

Margaret Why aren't you taking notes?
왜 메모 안 하는 거야?

Andrew I'm sorry, were you not in that room?
죄송한데요, 그 방에 있지 않으셨나요?

Review Quiz

246 이 문자들은 러레이도 외곽에서 왔어요.

These texts came _____ outside Laredo.

247 긴급한 메시지가 왔어요.

I have your _____ messages.

248 메시지를 남겨요.

_____ a message.

249 제 문자 받았죠, 그렇죠?

You did get my text, _____?

250 왜 메모 안 하는 거죠?

Why aren't you _____ notes?

246 from 247 urgent 248 Leave 249 right 250 taking

615 실전영어회화

Unit 08

MP3

어디로 모실까요?

목적지

가고자 하는 목적지가 어딘지 궁금할 때

● SCENE 어딘가로 급하게 가는 사람에게 궁금해서 '어디 가는 중이에요?'하고 물을 때 Where are you going?(어디 가는 중이에요?)로 말합니다. 하지만 비슷한 의미로 Where are you off to? Where are you headed?도 쓰이죠.

447

Where are you headed?
어디 가요?

보통 '어디 가?'라고 하면 Where are you going?이 머릿속에서 제일 먼저 생각날 거예요. 때로는 Where are you headed?(어디 가요?)라고도 말하는데요, 숙어로 be headed(for)는 '~로 향해 나아가다'입니다.

Alice So where are you headed?
그래서 어디 가는 거죠?

Thomas To Pendle Mountain.
팬들 산으로요.

448

Where are you off to?
어디 가?

우리말에 '어디 가?'를 영어로 표현하면 제일 먼저 Where are you going?이 생각날 겁니다. 비슷한 의미로 Where are you off to?도 있어요. 숙어로 be off to는 '~로 떠나다', '~하러 떠나다'예요.

Baker Where are you off to?
어디 가니?

Belle The bookstore! I just *finished the most **wonderful story about a ***beanstalk and an ****ogre and...
책방에요! 콩나무와 괴물이 나오는 가장 아름다운 이야기를 방금 다 읽었거든요.

*finish 끝내다 **wonderful 아름다운 ***beanstalk 콩줄기 ****orge 괴물

Where are you going?
어디 가는 중이에요? 어디 갈 거예요?

목적지를 묻는 말 중에 Where are you going?은 '어디 가는 중이에요?'도 되지만 '어디 갈 거예요?'처럼 가까운 미래를 대신하기도 합니다.

Gerry Where are you going?
어디 가는 중이에요?

Man Anywhere but here.
여기 말고 아무 데나요.

Where do you think you're going?
어디 가는 것 같아요?

영어로 Where are you going?은 '어디 가요?'인데요, 여기에 do you think를 넣어 Where do you think you're going?하고 말하면 '어디 가는 것 같아요?'의 뜻이 되죠.

Janet Where do you think you're going, young man?
어디 가는 거니, 애야?

Eddie Rome. I'm going to *hold my breath at the Olympics.
로마에요. 올림픽에서 숨 참기 할 거예요.

*hold one's breath 숨을 멈추다

Where am I?
여기가 어디죠?

해외여행을 하다보면 처음 가는 곳은 낯설기 때문에 어디가 어딘지 도무지 몰라 종종 헤매게 됩니다. 이때 지나가는 현지인에게 Excuse me, I think I'm lost. Where am I?(실례합니다. 길을 잃은 것 같아서요. 여기가 어디죠?)하고 말을 건 낼 수밖에 없어요.

Colin Captain Stevens! Do you copy?
스티븐스 대위! 제 말 들려요?

Colter Where am I?
여기가 어디죠?

452

Where are we?
여기가 어디죠?

낯선 거리를 걷다보면 어디가 어딘지 몰라 헷갈릴 때가 있어요. 주위사람에게 Where are we?처럼 말하면 그 뜻은 '여기가 어디죠?'입니다.

Carl Where..., where are we?
어디, 여기가 어디지?

Russell This doesn't *look like the city or the **jungle, Mr. Fredricksen.
도시나 정글처럼 안 보이는데요, 프레드릭슨씨.

*look like ~처럼 보이다 **jungle 정글

453

Which way?
어느 방향이에요?

어느 방향으로 가야 할지 몰라 옆에 있던 사람에게 Which way?라고 하면 '어느 방향이에요?'의 뜻입니다. 왼쪽으로 가야지 아니면 오른쪽으로 가야할지 망설이게 될 때 이 표현으로 물어보게 되죠.

Poe Which way?
어느 쪽이야?

Finn Uh, no idea. *Follow me.
어, 모르겠어. 날 따라와.

*follow 따르다

454

Where are we going?
우리 어디 가는 거예요? 우리 어디 갈 거예요?

영어로 Where are we going?은 '우리 어디 가는 거예요?' 또는 '우리 어디 갈 거예요?'의 뜻입니다. 보통 현재진행형 be going은 '진행'의 뜻도 되지만 '가까운 미래'를 나타내기도 합니다.

Louis What are you doing? Where are we going?
뭐하는 거요? 우리 어디 가는 거죠?

Jack To find our kids.
우리 애들 찾으러.

455

I just wasn't looking where I was going.
그냥 앞을 안 보고 있었어요.

길을 가다가 누군가와 부딪치게 되면 사과를 한 뒤 I just wasn't looking where I was going.하고 말할 수 있어요. 의미는 '그냥 앞을 안 보고 있었어요.'입니다.

Hans   Are you sure?
        확실해요?

Anna   Yeah, I just wasn't looking where I was going. But I'm great, actually.
        네, 그냥 앞을 안 보고 있었어요. 하지만 괜찮아요, 사실은.

Review Quiz

251   어디 가요?

Where are you _____?

252   어디 가는 중이에요? 어디 갈 거예요?

Where are you _____?

253   여기가 어디죠?

Where _____ I?

254   어느 방향이에요?

Which _____?

255   그냥 앞을 안 보고 있었어요.

I just wasn't _____ where I was going.

251 headed 252 going 253 am 254 way 255 looking

229

길 안내

누군가에게 친절하게 길 안내할 때

●SCENE 처음 방문한 장소라면 주변 지리에 익숙하지 않기에 종종 길을 잃게 됩니다. 지나가는 사람들에게 도움을 요청할 수밖에 없는데요, 혹시 외국인이 다가와 도와달라고 부탁할 때는 적극적인 행동을 취해봅시다.

영화 [Big Hero 6] 중에서

456

I'll take you.
데려다 줄게요.

차로 데려다 주던 걸어서 데려다 주던 목적지까지 함께 하겠다고 할 때 I'll take you.처럼 말합니다. 의미는 '데려다 줄게요.'로 조동사 will은 주어의 의지를 나타낼 때 사용하죠.

Tadashi   I'll take you.
내가 널 데려다 줄게.

Hiro   Really?
정말이야?

영화 [Raya And The Last Dragon] 중에서

457

I will take you there.
당신을 그곳에 데려다 줄게요.

동사 take를 활용해서 I will take you there.처럼 말하면 '당신을 그곳에 데려다 줄게요.'입니다. 차로 데려다 주던 함께 걸어가면서 데려다 주던, 데려다 준다는 의미가 동사 take에 있어요.

Woman   I know exactly where he is.
그가 어디에 있는지 정확히 알아.

Sisu   You do?
그래요?

Woman   Mm-hmm, I will take you there.
으음, 널 그곳에 데려다 줄게.

Are you coming or not?
갈 거야 말 거야?

길을 떠나려고 하는데 상대방이 주저하고 있는 것처럼 보이면 Are you coming or not?하고 확인 차원으로 물어보게 됩니다. '갈 거야 말 거야?'의 뜻이죠.

Madison   Are you coming or not?
           갈 거야 말 거야?

Josh   *Obviously I'm coming.
           물론 갈 거야.

*obviously 분명히

Just let me out.
그냥 나 좀 내려줘요.

차로 이동 중에 목적지에 도착하게 되면 때로는 '그냥 나 좀 내려줘요.'하고 말 꺼내 됩니다. 영어로 Just let me out.이라고 하죠.

Jack   Just let me out.
           그냥 나 좀 내려줘.

Ellie   All right.
           알았어.

Let me point you in the right direction.
제가 길을 가르쳐드릴게요.

상대방이 찾고자 하는 장소나 가고자 하는 목적지로 자신이 안내해 주겠다고 하며 Let me point you in the right direction.하고 말한다면 그 의미는 '제가 길을 가르쳐드릴게요.'로 명사 direction는 '방향'을 말해요.

Rebecca   Well, let me point you in the right direction.
           제가 길을 가르쳐드리죠.

Larry   Please.
           부탁합니다.

461

How far away is it?
얼마나 떨어져 있죠?

여행을 하다 보면 목적지까지 얼마나 멀리 떨어져 있는지 궁금해서 How far away is it?하고 물어보게 됩니다. 의미는 '얼마나 떨어져 있죠?'예요.

Joel	How far away is it?
	얼마나 떨어져 있지?
Ray	About 85 miles.
	대략 85마일정도.
Joel	How long does that take to get there?
	그곳에 도착하는데 얼마나 걸려?

*get there 그곳에 도착하다

462

How far is it to the stadium?
경기장까지 얼마나 멀어요?

처음 가는 곳이라면 자신이 있는 곳에서 얼마나 멀리 있는지 궁금해서 물어보게 됩니다. 영어로 How far is it to the stadium'?은 '경기장까지 얼마나 멀어요?'입니다. 여기서 How far is it?은 '얼마나 멀어요?'가 되죠.

Sam	Let's go to the hotel.
	호텔로 가자고.
Roy	How far is it to the stadium?
	경기장까지 얼마나 멀죠?
Sam	We're going to the hotel first.
	우선 호텔로 갈 거야.

463

Would you like a lift home?
집까지 차로 데려다 줄까요?

상대방에게 정중하게 뭔가를 제안할 때 Would you like+명사?를 사용하는데요. Would you like a lift home?은 '집까지 차로 데려다 줄까요?'의 뜻으로 lift 대신에 ride를 넣어 표현하기도 하죠.

Harry	Would you like a lift home?
	집까지 차로 데려다 줄까?
Eggsy	Who are you?
	누구시죠?

464

I think I found us another way out.
다른 출구를 찾은 것 같아요.

길 안내와 관련된 표현 중에 I think I found us another way out.은 '다른 출구를 찾은 것 같아요.'입니다. 명사 way는 '방법'외에 '길'이라는 뜻이 있어요.

Ramsey   Wait, okay, I think I found us another way out. Two miles to what looks like a bridge across the border.
            기다려, 다른 출구를 찾은 것 같아. 국경 지나 다리처럼 보이는 곳까지 2마일 남았어.

Letty   Good. The sooner we get out of here, the better.
            잘됐군. 여기서 빨리 벗어날수록, 더 좋아.

Review Quiz

256 데려다 줄게요.

I'll _____ you.

257 갈 거야 말 거야?

Are you _____ or not?

258 제가 길을 가르쳐드릴게요.

Let me _____ you in the right direction.

259 경기장까지 얼마나 멀어요?

How _____ is it to the stadium?

260 다른 출구를 찾은 것 같아요.

I _____ I found us another way out.

256 take 257 coming 258 point 259 far 260 think

여행을 즐길 때

•SCENE 혼자 하는 여행이나 친분이 있는 사람들과 함께 하는 여행이나 여행은 그 자체로 즐겁습니다. 여행을 하다 보면 다양한 상황에 부딪치게 되는데요, 유용하게 사용할 수 있는 여행영어 표현들을 익히는 게 좋습니다.

465

How was the trip?
여행은 어땠어요?

여행은 어땠는지, 즐거웠는지 아니면 그렇지 않았는지 궁금해서 How was the trip?처럼 물어보게 됩니다. 의미는 '여행은 어땠어요?'로 여행에 대한 자신의 느낌을 말해보라는 얘기입니다.

Yi's Mom Yi? You're back. How was the trip?
이? 돌아왔구나. 여행은 어땠어?

Yi I missed you both so much.
두 분이 너무 그리웠어요.

466

How's your bonding trip?
유대감 강화 여행은 어때요?

서로간의 유대 관계를 좀 더 두텁게 결속시킬 목적으로 떠나는 여행을 bonding trip이라고 합니다. 영어로 How's your bonding trip?은 '유대감 강화 여행은 어때요?'이에요.

Carol Tim, how's your bonding trip?
팀, 유대감 강화 여행은 어때?

Tim Whoa, slow down!
와우, 속도 좀 줄여!

467

How long are you intending to stay?
얼마나 머무를 계획이에요?

입국심사장에서 듣는 질문 중에 하나로 How long are you intending to stay?는 '얼마나 머무를 계획이에요?'입니다. 동사 intend는 '의도하다', '계획하다'예요. 같은 의미로 How long are you going to stay?처럼 표현하기도 합니다.

Dominic Anna, how long are you intending to stay here in Britain?
안나, 이곳 영국에서 얼마나 머무를 계획이죠?

Anna Indefinitely.
영원히요.

*indefinitely 영원히, 무기한으로

468

What's it called?
뭐라고 불려요?

여행을 하다가 처음 방문한 장소의 이름을 알고 싶을 때 What's it called?하고 물어보면 됩니다. 즉 '뭐라고 불려요?'가 되죠.

Rosie What's it called?
뭐라고 불리는데?

Sophie The Hotel Bella Donna.
호텔 벨라 도나예요.

469

Welcome to the British Museum.
대영박물관에 오신 걸 환영합니다.

해외여행을 하다보면 종종 듣는 말이 Welcome to~입니다. '~에 오신 걸 환영합니다'로 Welcome to the British Museum.은 '대영박물관에 오신 걸 환영합니다.'의 뜻입니다.

Tilly Hello. Welcome to the British Museum. My name is Tilly.
안녕하세요. 대영박물관에 오신 걸 환영해요. 제 이름은 틸리예요.

Larry Hi. Thank you. I'm Larry Daley from Natural History, New York.
안녕하세요. 감사합니다. 뉴욕에 있는 자연사 박물관에서 온 래리 데일리이에요.

This is the only place we've got.
이곳이 유일한 장소예요.

여행을 하다보면 잠을 잘 곳을 찾게 됩니다. 만약 누군가가 This is the only place we've got.이라고 말했다면 그 뜻은 '이곳이 유일한 장소예요.'가 되지요.

Gerry   This is the best *place you've got?
이곳이 가장 좋은 장소인가요?

Natalie   This is the only place we've got.
이곳이 유일한 장소예요.

*place 장소

Are you going camping?
캠핑 할 거예요?

동사 go를 활용해서 go camping하고 말하면 '캠핑하다'입니다. 즉 Are you going camping?처럼 현재진행형으로 표현하면 그 의미는 '캠핑 할 거예요?'가 되지요.

Janet   Are you going camping?
캠핑 할 거야?

Eddie   No. Going to Germany.
아니요. 독일 갈 거예요.

Are we there yet?
도착하려면 멀었어요?

여행 중에 처음 찾아가는 장소라면 이동 중에 궁금해서 Are we there yet?하고 물어보기도 합니다. '도착하려면 멀었어요?'의 뜻이죠.

Yelena   So, are we there yet?
그러면, 도착하려면 멀었나요?

Alexel   You'll *know when we're there.
도착할 때면 알게 될 거야.

*know 알다

473 I'm taking a vacation.
휴가를 갈 거예요.

날씨가 좋으면 하루 이틀 시간을 내어 휴가를 가게 됩니다. 숙어로 take a vacation는 '휴가를 가다'로 I'm taking a vacation.처럼 표현하면 '휴가를 갈 거예요.'의 뜻이 되지요.

Bruce   Where are you going?
어디 가시죠?

God   I'm taking a vacation.
휴가 갈 거야.

Review Quiz

261 여행은 어땠어요?

How was the _____?

262 얼마나 머무를 계획이에요?

How long are you _____ to stay?

263 대영박물관에 오신 걸 환영합니다.

Welcome _____ the British Museum.

264 캠핑 할 거예요?

Are you _____ camping?

265 휴가를 갈 거예요.

I'm _____ a vacation.

261 trip 262 shopaholic 263 to 264 going 265 taking

쇼핑을 할 때

• SCENE 우리 주변에는 쇼핑을 유난히 좋아하는 사람이 많습니다. 쇼핑을 즐기는 이유도 그만큼 다양한데요, 마음에 드는 물건을 구입하기도 하고 그동안 싸여있던 스트레스를 풀기 위해 쇼핑하기도 합니다.

영화 [Notting Hill] 중에서

I'll just look around.
그냥 둘러볼게요.

상점 직원이 다가와 Can(May) I help you?하고 말하면 상황에 따라서는 '그냥 둘러볼게요.' 처럼 대답하기도 합니다. 영어로 I'll just look around.로 look around는 '주위를 둘러보다' 예요.

William Can I help you at all?
잠시 도와드릴까요?

Anna No, thanks, I'll just look around.
아니요, 괜찮아요. 그냥 둘러볼게요.

영화 [Notting Hill] 중에서

I will take this one.
이걸로 살게요.

마음에 드는 물건이 있을 때 즉시 구입하게 되는 게 사람 마음입니다. 영어로 I will take this one.은 '이걸로 살게요.'로 동사 take 대신에 buy를 사용해도 됩니다.

Anna I will take this one.
이걸로 살게요.

William Oh, right, right.
오, 알았어요, 알겠어요.

476

I'm gonna pay it back later.
나중에 갚을게요.

지금은 돈이 없어 못 갚을 것 같고 나중에라도 물건 값을 지불하겠다고 할 때 I'm gonna pay it back later.처럼 표현해요. 의미는 '나중에 갚을게요.'로 pay back은 '돈을 갚다'입니다.

Sisu
> I'm gonna pay it back later.
> 나중에 갚을게요.

Male Merchant
> *Pay us back later? We don't know you.
> 나중에 갚겠다고? 우린 당신 몰라.

*pay back later 나중에 갚다

477

I love your dress.
옷이 너무 예뻐요.

칭찬의 한마디로 서먹서먹한 분위기를 쇄신할 수 있습니다. 동사 love는 '사랑하다'외에 '정말 마음에 들다'라는 뜻으로 I love your dress.처럼 말하면 '옷이 너무 예뻐요.'의 의미가 됩니다.

Sophie
> Gloria, I love your dress.
> 글로리아, 옷이 너무 예뻐요.

Gloria
> Oh, thank you.
> 오, 고마워요.

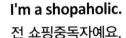

478

I'm a shopaholic.
전 쇼핑중독자예요.

특히 쇼핑에 중독된 사람을 일컬어 shopaholic이라고 합니다. '쇼핑 중독증의 사람'의 뜻으로 I'm a shopaholic.처럼 표현하면 '전 쇼핑중독자예요.'입니다.

Woman
> What about you, Ryuichi? How was your week?
> 당신은요, 루이치? 주말은 어땠어요?

Ryuichi
> My name is Ryuichi, and I'm a shopaholic.
> 제 이름은 루이치이며, 전 쇼핑중독자예요.

479

How much do I owe you?
얼마예요?

물건등을 구입할 때 꼭 물어보는 게 있죠. 바로 가격이에요. How much is it?이라고 하지만 네이티브들은 How much do I owe you? 라고도 하죠. 의미는 '얼마예요?'로 동사 owe는 '빚지다'입니다.

She	How much do I owe you? 얼마죠?
He	Oh, you're fine there. It's free. 오, 됐어요. 공짜에요.

480

Did you go shopping?
쇼핑했어요?

보통 '쇼핑하다'를 go shopping이라고 합니다. 이 표현을 가지고 '쇼핑했어요?'처럼 표현하고 싶을 때 Did you go shopping?하고 말하면 되죠.

Alicia	Did you go shopping? 쇼핑했어요?
Luke	Oh, oh, yes. Yes, Rebecca's been helping me *pick something out for the ball. 오, 오, 네. 네, 레베카가 무도회 때 입을 뭔가를 고르는데 절 도와줬어요.

*pick out ~을 찾아내다

481

Do you like it?
마음에 들어요?

쇼핑을 할 때 직원이 Do you like it?하며 다가오면 '마음에 들어요?'의 뜻입니다. 손님이 고른 물건이 마음에 드는지를 묻는 말이죠.

She	That is good. That will do. 보기 좋은데요. 그 정도면 충분해요.
He	Do you like it? 마음에 들어요?

482

What makes you think I'm not interested in fashion?
왜 제가 패션에 관심 없다고 생각해요?

상대방의 생각을 물을 때 What makes you think~? 패턴이 필요합니다. What makes you think I'm not interested in fashion?하면 '왜 제가 패션에 관심 없다고 생각해요?'로 be interested in는 '~에 관심 있다'예요.

Emily   Andrea, Runway is a fashion magazine. So an interest in fashion is crucial.
　　　　앤드리아, 런웨이는 패션 잡지예요. 그래서 패션에 관심 갖는 건 중요하죠.

Andrea   What makes you think I'm not interested in fashion?
　　　　왜 제가 패션에 관심 없다고 생각해요?

Review Quiz

266   그냥 둘러볼게요.

I'll just look _____.

267   나중에 갚을게요.

I'm gonna _____ it back later.

268   전 쇼핑중독자예요.

I'm a _____.

269   쇼핑했어요?

Did you _____ shopping?

270   왜 제가 패션에 관심 없다고 생각해요?

What makes you think I'm not _____ in fashion?

266 around 267 pay 268 shopaholic 269 go 270 interested

615 실전영어회화

Unit 09

MP3

너무 무서워요!

공포

뭔가 두렵고 무서울 때

•SCENE 자신이 두려워하는 것을 얘기하거나 상대방에게 어떤 것이 두려운지 묻고 싶을 때 be afraid of(~을 두려워하다) 사용합니다. 두려움의 강도 차이는 있겠지만 두렵고 무서워하는 것은 누구나 다 있어요.

영화 [Tangled] 중에서

483

I'm terrified.
무서워요.

뭔가 겁나고 무서울 기분이 들 때 네이티비들은 I'm terrified.처럼 표현하는데요. 의미는 '무서워요.'로 be terrified는 '무서워하다' 또는 '겁먹다'입니다.

Eugene   **You okay?**
           괜찮아요?

Rapunzel   I'm terrified.
           무서워요.

영화 [Godzilla VS. Kong] 중에서

484

It's scary.
겁나요, 무서워요.

돌아가는 상황 때문에 무섭거나 겁난다고 할 때 It's scary.처럼 표현하기도 합니다. 형용사 scary는 '겁나는', '무서운'으로 '겁나요.' 또는 '무서워요.'의 의미가 되죠.

Nathan   **How is she?**
          그 애는 어때요?

Ilene   **Calm. So *calm, it's scary.**
         침착해요. 너무 침착해서, 겁나요.

*calm 차분한, 침착한

485

I'm not afraid of you.
난 당신이 두렵지 않아요.

숙어로 be afraid of는 '～을 두려워하다'입니다. 이를 응용해서 I'm not afraid of you.하고 말하면 그 의미는 '난 당신이 두렵지 않아요.' 가 되지요.

Rapunzel   I know why you're here, and I'm not afraid of you.
당신이 왜 여기 왔는지 알아요, 그리고 난 당신이 두렵지 않아요.

Eugene   What?
뭐라고요?

486

I know you're scared.
당신이 겁내는 거 알아요.

상대방이 뭔가를 두려워하거나 겁내고 있다고 느껴질 때 '당신이 겁내는 거 알아요.'하고 안심시키려고 하죠. 영어로는 I know you're scared.입니다. 숙어로 be scared는 '두려워하다', '겁내다'예요.

Grace   I know you're scared, but I am here to *protect you.
너희들이 겁내는 거 알아, 하지만 너희를 보호하러 온 거야.

Dani   Why us?
왜 저희들이죠?

*protect 보호하다

487

You gave me a heart attack.
깜짝 놀랐잖아요.

누군가가 자신을 놀라게 했을 때 You gave me a heart attack.이라 고 말합니다. 직역하면 '당신이 저에게 심장마비를 주었어요.'지만 자연스럽게 의역하면 '깜짝 놀랐잖아요.'입니다.

Baymax   Hiro?
히로?

Hiro   You gave me a heart attack!
깜짝 놀랐잖아!

245

488

You gave me a fright there.
너 때문에 깜짝 놀랐잖아.

영어로 You gave me a fright there.하고 말하면 '너 때문에 깜짝 놀랐잖아.'로 놀람을 나타
날 때 사용하는 표현이에요. 명사로 fright는 '놀람', '두려움'입니다.

Crawly	Johnny! You gave me a fright there.
	쟈니! 너 때문에 깜짝 놀랐잖아.
Johnny	Sorry, I didn't *mean to.
	미안해요. 그럴 의도는 아니었어요.

*mean 의미하다, 의도하다

489

Your gerbil is freaking me out.
당신의 저빌쥐 때문에 놀랐잖아요.

누군가를 놀래키거나 기겁하게 만들 때 freak out을 사용합니다. 뜻은 '기겁하다', '놀래키
다'로 Your gerbil is freaking me out.은 '당신 저빌쥐 때문에 놀랐잖아요.'로 gerbil은 일종
의 사막쥐를 뜻해요.

Jin	Your gerbil is freaking me out.
	당신 저빌쥐 때문에 놀라잖아요.
Burnish	A boy that knows his *gerbils. I like him.
	그의 저빌쥐들을 아는 소년이라. 마음에 드는군.

*gerbil 저빌쥐

490

What are you so afraid of?
뭐가 그렇게 두려워요?

뭔가 두려운 나머지 안전부절 못하고 있는 사람에게 때로는 What are you so afraid of?
처럼 물어보게 됩니다. '뭐가 그렇게 두려워요?'의 의미로 be afraid of는 '~을 두려워하다'
이에요.

Artemis	What are you so afraid of?
	뭐가 그렇게 두려워요?
Admiral	Your world... and what it could do to mine.
	당신 세상이... 그리고 그 세상이 내 세계에 어떤 영향을 미칠 수 있을지.

491

Don't panic.
겁먹지 마.

위기에 처하게 되면 당황한 나머지 나도 모르게 겁을 먹게 돼요. 어떻게 대처해 나아가야 할지 앞이 깜깜하게 됩니다. 동사 panic은 '공포에 사로잡히다'예요. 누군가 이런 상황 속에 빠져 어쩔 줄을 몰라 할 때 Don't panic.(겁먹지 마)이라고 말하며 마음을 진정시킬 수 있어요.

Susan   What am I *supposed to do now?
               나 지금 어떻게 해야 돼?

Nancy   Okay, don't panic.
               알았어, 겁먹지 마.

*be supposed to ～하기로 되어있다

Review Quiz

271   무서워요.

     I'm _____.

272   난 당신이 두렵지 않아요.

     I'm not _____ of you.

273   깜짝 놀랐잖아요.

     You gave me a heart _____.

274   당신 저빌쥐 때문에 놀랐잖아요.

     Your gerbil is _____ me out.

275   겁먹지 마.

     Don't _____.

271 terrified 272 afraid 273 attack 274 freaking 275 panic

위험이나 위기가 닥쳤을 때

• SCENE 곤란한 입장이나 상황에 처했을 때 be in trouble(danger)로 말합니다. 의미는 '곤경(위험)에 처하다'로 I'm in trouble.(곤경에 빠졌어요), Are you in big trouble?(큰 곤경에 처했나요?)처럼 다양하게 응용해서 표현하기도 하죠.

영화 [Those Who Wish Me Dead] 중에서

492

Are you in trouble?
곤란한 상황인가요?

상대에게 Are you in trouble?이라고 하면 '곤란한 상황인가요?'입니다. 숙어로 be in trouble는 '곤경에 처하다'이에요.

Owen	No! No more texting. No phone, okay? Just give it to me. Give, give me the phone! 안 돼! 더 이상 문자하지 마. 전화도 하지 마, 알겠니? 그냥 이리 줘. 전화기 주란 말이야!
Connor	Are you in trouble? What did you do? 곤란한 상황인가요? 무슨 일을 하신 거죠?

영화 [Sonic : The Hedgehog] 중에서

493

I'm in big trouble.
저는 큰 곤경에 빠졌어요.

숙어로 be in trouble은 '곤경에 빠지다'로 I'm in big trouble.처럼 말하면 그 의미는 '저는 큰 곤경에 빠졌어요.'입니다.

Sonic	And I'm in big trouble. 그리고 난 큰 곤경에 빠졌어.
Tom	Oh, you're in big trouble? 오, 네가 큰 곤경에 빠졌다고?

494

You're in so much trouble.
당신은 이제 큰 곤경에 빠졌어요.

상대방이 큰 곤경에 처해 있을 때 You're in so much trouble.입니다. 숙어로 be in trouble은 '곤경에 빠지다'이므로 '당신은 이제 큰 곤경에 빠졌어요.'가 됩니다.

Larry   You're in so much trouble.
넌 이제 큰 곤경에 처했어.

Nicky   I know.
저도 알아요.

495

I don't want any trouble in here.
여기서 어떤 문제 일으키고 싶지 않아요.

자신은 이곳에서 어떤 문제도 일으키고 싶지 않다고 할 때 I don't want any trouble in here.처럼 표현해요. 명사 trouble는 '문제', '곤란'으로 '여기서 어떤 문제 일으키고 싶지 않아요.'의 뜻이 되지요.

Man   I don't want any trouble in here. **So, hit the road.**
여기서 어떤 문제 일으키고 싶지 않아. 그러니까, 어서 꺼져.

Nick   I'm not *looking for any **trouble either, sir.
사장님, 저도 어떤 문제를 일으키려는 건 아니에요.

*look for ~을 찾다 **trouble 문제, 곤란, 어려움

496

We are in danger.
우리는 위험에 처했어요.

자신들은 지금 위험한 상황에 처해있다고 할 때 be in danger를 활용해서 We are in danger.하고 말합니다. '우리는 위험에 처했어요.'의 뜻이에요.

Man   Gentlemen, we are in danger. **There is a storm coming. My men are terrified. We must leave.**
여러분, 우리는 위험에 처했어요. 폭풍이 다가와요. 우리 일꾼들이 겁내고 있어요. 우린 떠나야 해요.

Robert   That tomb is here somewhere. I can feel it.
그 무덤이 여기 어딘가에 있소. 느껴져요.

249

497

(Is there) Anyone else in trouble?
그 밖에 누군가 곤경에 빠졌어요?

곤경에 빠지는 것을 be in trouble이라고 합니다. '곤경에 처하다'로
(Is there) Anyone else in trouble?하고 얘기하면 '그 밖에 누군가
곤경에 빠졌어요?'의 뜻으로 Is there를 생략하고 말하기도 합니다.

Hannah Anyone else in trouble? Anyone we need to be
looking for?
그 밖에 누군가 곤경에 빠졌니? 우리가 찾아야 할 누군가가 있는 거야?

Connor Not anymore.
더 이상 없어요.

498

That was too close.
하마터면 큰일 날 뻔 했어요.

위험한 상황을 간신히 모면했을 때 우리는 '하마터면 큰일 날 뻔 했어요.'하고 말합니다. 이
런 상황에서 네이티브들은 That was too close.처럼 표현하죠.

Grug That was too close.
하마터면 큰일 날 뻔 했어.

Eep I was watching. I was fine.
구경하고 있었어요. 전 괜찮았어요.

499

It's life or death.
생사가 걸린 일이에요.

생사가 걸린 큰 문제에 부딪쳤다면 It's life or death.하며 주변 사람에게 도움을 요청하게
됩니다. 즉 '생사가 걸린 일이에요.'의 의미예요.

Sonic I need your help. Please. It's life or death.
네 도움이 필요해. 제발. 생사가 걸린 일이야.

Tom Fine. Come with me.
알았어. 날 따라와.

The whole town is freaking out.
온 마을이 난리예요.

숙어로 freak out은 '당황하다', '놀라다'의 뜻인데요. The whole town is freaking out.를 직역하면 '모든 마을이 당황하고 있어요.'지만 '온 마을이 난리예요.'처럼 자연스럽게 의역하면 됩니다.

Wade   What is *going on?
온 무슨 일이야?

Tom   Well, gosh, I think the power's out.
글쎄, 정전인가 봐.

Wade   Yeah, no dur! The lights are out. The whole town is freaking out.
맞아. 불이 나갔어. 온 마을이 난리야.

*go on 계속하다, 일어나다

Review Quiz

276 곤란한 상황인가요?

Are you in _____?

277 당신은 이제 큰 곤경에 빠졌어요.

You're in so _____ trouble.

278 우리는 위험에 처했어요.

We are in _____.

279 하마터면 큰일 날 뻔 했어요.

That was too _____.

280 온 마을이 난리예요.

The whole town is _____ out.

276 trouble 277 much 278 danger 279 close 280 freaking

251

615 실전영어회화

Unit 10

MP3

그런 말 안 믿어요!

믿음

자신을 믿어 달라고 말할 때

• SCENE 자신이 하는 말을 믿어 달라고 할 때 어떻게 표현하면 좋을까요? 동사 trust(믿다, 신뢰하다)를 사용하거나 숙어로 have(take) one's word(~의 말을 믿다)로 말하면 됩니다.

영화 [Ford V Ferrari] 중에서

You gotta trust me.
절 믿어야 돼요.

자신을 믿어 달라고 할 때 하는 말로 You gotta trust me.는 '절 믿어야 돼요.'입니다. 네이 티브들이 보통 have got to를 gotta처럼 발음하는 경우가 많아요.

Lee I am here to help you, Carroll. But you gotta trust me.
당신을 도우러 온 거예요, 캐럴. 하지만 절 믿어야 돼요.

Carroll Excuse me, Lee.
실례할게요, 리.

영화 [The Croods : A New Age] 중에서

You can count on us.
우리 믿어도 돼요.

자신들을 믿어 달라고 할 때 count on이라는 말을 사용하는데요, '믿다'라는 뜻으로 You can count on us.처럼 표현하면 의미가 '우리 믿어도 돼요.'가 됩니다.

Guy You can count on us, Dad.
우리 믿어도 돼요, 아빠.

Grug Don't call me that!
그렇게 부르지 마!

503

You have my word.
약속할게요.

상대방이 자신이 한 말에 조금이라도 의심의 여지를 보인다면 말끝에 You have my word.를 덧붙여 자신이 한 말이 진심임을 보여주게 됩니다. 의미는 '약속할게요.'입니다.

Lucy · I can't *believe you did this to me.
내게 이런 짓을 했다는 게 믿기지 않아.

Richard · I'll be right here. You have my word.
바로 여기 있을게. 약속할게.

*believe 믿다

504

Did you ever trust me?
절 믿어본 적 있어요?

대화 도중에 과거에 한 번이라도 자신을 믿어본 적이 있었냐고 궁금해서 상대방에게 물어보고 싶을 때 Did you ever trust me?처럼 말합니다. 의미는 '절 믿어본 적 있어요?'입니다.

Zorii · You still don't trust me, huh?
당신 아직도 날 안 믿지, 그렇지?

Poe · Did you ever trust me?
날 믿어본 적 있어?

505

Are you someone I can trust?
당신은 내가 믿을 수 있는 사람이에요?

누군가가 믿을 수 있는 사람인지 궁금할 때 Are you someone I can trust?처럼 물어볼 수 있습니다. 동사 trust는 '믿다', '신뢰하다'로 '당신은 내가 믿을 수 있는 사람이에요?'의 의미랍니다.

Connor · Are you someone I can trust?
당신은 제가 믿을 수 있는 사람인가요?

Hannah · I'm *absolutely someone you can **trust.
네가 확실히 믿을 수 있는 사람이야.

*absolutely 절대적으로 **trust 믿다

255

506

I'm just asking you to trust me.
그냥 절 믿어달라고 부탁하는 거예요.

자기 자신을 믿어 달라고 누군가에게 부탁할 때 하는 말이 I'm just asking you to trust me.입니다. 동사 trust는 '믿다', '신뢰하다'로 '그 냥 절 믿어달라고 부탁하는 거예요.'의 의미예요.

Larry   I'm not asking you to *understand, I'm just asking you to trust me.
이해해달라고 요청하는 게 아니에요, 그냥 절 믿어달라고 부탁하는 거예요.

Leslie   I'd like to **help you.
당신을 돕고 싶어요.

*understand 이해하다 **help 돕다

507

You won't believe what I saw.
내가 뭘 봤는지 못 믿을 거예요.

자신이 본 것을 얘기하면서 You won't believe what I saw.하고 말하면 '내가 뭘 봤는지 못 믿을 거예요.'의 뜻이 됩니다. 동사 believe는 '믿다'예요.

Namaari   You won't *believe what I saw.
제가 뭘 봤는지 못 믿으실 거예요.

Namaari's Mom   You saw a **dragon.
용을 봤구나.

*believe 믿다 **dragon 용

508

Can I be honest with you?
솔직히 말해도 될까요?

상황에 따라서는 솔직하게 말하는 게 더 나을 때가 있습니다. 영어 로 Can I be honest with you?는 '솔직히 말해도 될까요?'로 be honest with는 '~에게 솔직하게 말하다'입니다.

Chris   Can I be honest with you?
솔직히 말해도 돼?

Alex   Of course not. You're my manager.
물론 안 돼. 당신 내 매니저잖아.

509

I mean it this time.
이번에는 진심이에요.

이번에는 자신이 하는 말이 진심이라고 할 때 동사 mean을 사용해서 I mean it this time.처럼 표현합니다. 의미는 '이번에는 진심이에요.'입니다.

Maurice	I'm about ready to *give up on this hunk of junk.
	이 고철 덩어리를 포기할 준비가 됐어.
Belle	You **always say that.
	아빠는 항상 그런 말하시잖아요.
Maurice	I mean it this time!
	이번에는 진심이야!

*give up on ~을 포기하다 **always 항상

Review Quiz

281 절 믿어야 돼요.

You gotta _____ me.

282 약속할게요.

You have my _____.

283 당신은 내가 믿을 수 있는 사람이에요?

Are you _____ I can trust?

284 내가 뭘 봤는지 못 믿을 거예요.

You won't _____ what I saw.

285 이번에는 진심이에요.

I _____ it this time.

281 trust 282 word 283 someone 284 believe 285 mean

257

허락

허락을 받거나 승낙을 할 때

●SCENE 어떤 행동을 취하기 전에 상대방으로부터 허락을 받아야 할 경우가 있어요. 영어 패턴 Can I+동사?(~해도 돼요?), May I+동사?(~해도 될까요?)이 유용합니다. 뭔가 승낙할 때는 신중하게 생각해야 해요.

영화 [The Natural] 중에서

510

May I come in?
들어가도 돼요?

어딘가에 들어가기 전에 상대방에게 먼저 허락 따위를 받고자 할 때 May I come in?하고 말하게 되죠. '들어가도 돼요?'로 보통 May I~?처럼 말하면 공손한 의미를 전달하게 됩니다.

Memo   May I come in? You must've *had a snoot full.
        들어가도 돼요? 당신 취했던 게 틀림없어요.

Roy   It was a great party.
        멋진 파티였어요.

*have a snoot full 취하다

영화 [Those Who Wish Me Dead] 중에서

511

Do you mind if we come in?
우리 들어가도 돼요?

어떤 행동을 하기 전에 먼저 상대방으로부터 허락을 받아야 할 경우 Do you mind if~? 패턴을 사용할 수 있어요. 영어로 Do you mind if we come in?은 '우리 들어가도 돼요?'의 뜻이에요.

Jack   Do you mind if we come in?
        우리 들어가도 돼요?

Allison Yes, I do.
        안 돼요.

512

Do you mind if I borrow this?

이거 빌려도 돼요?

빌리고 싶은 게 있을 때 Do you mind if I borrow~? 패턴을 활용하면 되는데요, 만약 Do you mind if I borrow this?처럼 말하면 '이거 빌려도 돼요?'의 뜻이랍니다.

Eddie   Petra, do you mind if I borrow this?
페트라, 이거 빌려도 돼요?

Petra   Yeah, take it.
응, 가져가.

513

Can I have my helmet back now?

이제 제 헬멧 돌려줄래요?

자신의 헬멧을 돌려달라고 부탁할 때 Can I have my helmet back now?처럼 표현하면 됩니다. 보통 Can I~? 패턴은 '~해도 돼요?' 의 뜻으로 쓰이는데요, '이제 제 헬멧 돌려줄래요?'의 뜻이에요.

Allison   Can I have my helmet back now?
이제 제 헬멧 돌려줄래요?

Carl   I'm still *wearing it, right?
아직 내가 쓰고 있는 거죠, 맞죠?

*wear 입다, 착용하다

514

Can I borrow a couple of bucks?

몇 달러만 빌릴 수 있을까요?

돈을 빌릴 때 Can I borrow~? 패턴을 활용해서 표현할 있어요. 보통 a couple of bucks는 '몇 달러'로 명사 buck는 '달러'를 말합니다. 그러므로 '몇 달러만 빌릴 수 있을까요?'가 되죠.

Man   Can I borrow a couple of bucks?
몇 달러만 빌릴 수 있겠소?

Carl   Okay. I've come this far. Yes, you can.
알았어요. 내가 여기까지 왔으니까. 네, 빌릴 수 있어요.

515

If that's okay
괜찮다면

뭔가를 하기 전에 상대방의 양해를 먼저 구하는 게 중요할 때가 있어요. If that's okay라고 하면 '괜찮다면'의 뜻입니다. 뒤에 with you가 생략된 거예요.

Kyle	What are you doing here?
	웬일이세요?
Sarah	A friend of mine really needs to talk to you, if that's okay.
	내 친구가 정말 너랑 얘기 좀 나눠야 돼, 괜찮다면 말이야.

516

If you don't mind
괜찮으시면

어떤 행동을 취하기 전에 먼저 상대방으로부터 허락을 받아야만 할 때 If you don't mind 처럼 말하게 되는데요, '괜찮으시면'의 뜻으로 사용되는 표현입니다.

Dr. Robotnik	If you don't mind, I'd like to *take a few readings inside your house?
	괜찮으면, 당신 집 안을 좀 살펴보고 싶소?
Tom	No kidding? You're from the **power company?
	정말요? 당신 전력 회사에서 온 거잖아요?

*take a reading 점검하다, 살펴보다 **power company 전력 회사

517

Suit yourself.
좋을 대로 해, 마음대로 해.

살다 보면 뭔가를 선택해야만 상황에 부딪치게 됩니다. 상대방이 자신에게 허락을 구하려고 할 때 Suit yourself.처럼 말하면 '좋을 대로 해.', '마음대로 해.'로 자신은 전혀 신경 쓰지 않는다는 뜻이 담겨 있어요.

22	Is it okay that I do that?
	그렇게 해도 돼?
Dez	Suit yourself. You're the boss.
	좋을 대로 해. 맘대로 해.

518

Be my guest.
그러세요, 좋으실 대로 하세요.

뭔가 하도록 허락할 때 우리는 '그러세요.'라든지 '좋으실 대로 하세요.'하고 말합니다. 네이티브들은 Be my guest.처럼 표현하는데요, 직역하면 '제 손님이 되세요.'지만 자연스럽게 의역하면 '그러세요.' 또는 '좋으실대로 하세요.'입니다.

Alex   Can I try the new Mason & Hamlin?
        새로운 메이슨 & 햄린 피아노 연주해도 될까요?

Mia   Sure, *absolutely. Be my guest.
        물론이죠. 좋으실 대로 하세요.

*absolutely 절대적으로

Review Quiz

286 들어가도 돼요?

May I _____ in?

287 이거 빌려도 돼요?

Do you _____ if I borrow this?

288 몇 달러만 빌릴 수 있을까요?

Can I _____ a couple of bucks?

289 괜찮으시면

If you don't _____

290 그러세요, 좋으실 대로 하세요.

Be my _____.

286 come 287 mind 288 borrow 289 mind 290 guest

Unit 11

615 실전영어회화

MP3

약속 꼭 지키세요!

직업

면접이나 일에 대해 말할 때

• SCENE 취업을 하기 위해서는 면접을 잘 봐야 합니다. 영어로 '면접'은 job interview예요. 취업 후 전공을 살려 회사의 다양한 부서에서 근무하게 될 때 자신의 하는 일이나 직책에 대해 언급하고 싶어지기도 합니다.

519

How did the interview go?
인터뷰는 어땠어요?

중요한 인터뷰가 있으면 어떻게 진행되었는지 궁금해서 How did the interview go?하고 물어보게 됩니다. '인터뷰는 어땠어요?'로 동사 go는 '가다'가 아닌 '진행되다'의 뜻입니다.

Sam   Okay, Fred, how did the interview go?
       알았어, 프레드, 인터뷰는 어땠어?

Fred   Yes? Oh! Thank you for asking. *Amazing! I **aced it.
       응? 오! 물어봐줘서 고마워. 끝내졌어! 잘했지.

                        *amazing 놀라운 **ace 훌륭히 해내다, 고득점을 받다

520

How did that job interview go?
그 면접은 어땠어요?

보통 '면접'을 job interview라고 하죠. 영어로 How did that job interview go?는 '그 면접은 어땠어요?'로 여기서 동사 go는 '진행되다'입니다.

Henry   So, Fred. How did that job interview go?
        프레드, 그 면접은 어땠어?

Fred   I don't know about that place, Dad.
        그곳에 대해서는 몰라요, 아빠.

521

I have a job interview.
저는 면접이 있어요.

우리말에 '저는 면접이 있어요.'를 job interview를 활용해서 영어로
I have a job interview.처럼 표현합니다.

E.B.	Late for what? What are we doing?
	뭐가 늦었는데? 우리 뭘 할 거야?
Fred	I have a job interview. You're staying here.
	나 면접 있어. 너 여기 있어.

522

I gotta work.
일해야 돼요.

지금 당장은 일을 해야 할 처지라고 할 때 I gotta work.하고 말합니다. 여기서 gotta는 원
해 have got to를 줄여서 발음한 거예요. '~해야 해요'로 I gotta work.는 '일해야 해요.'가
되지요.

Jenna	You don't wanna *go to the party?
	파티에 가고 싶지 않은 거야?
Matt	No, I gotta work. Thanks.
	아니, 나 일해야 돼. 고마워.

*go to the party 파티에 가다

523

I just got promoted.
방금 승진했어요.

직장인에게 승진 소식만큼 좋은 소식은 없을 거예요. 영어로 I just
got promoted.는 '방금 승진했어요.'로 get promoted는 '승진하다'
의 뜻입니다.

Dan	You're not my boss anymore.
	당신은 더 이상 제 상사가 아니에요.
Jack	What are you talking about?
	무슨 소리 하는 거야?
Dan	I just got promoted.
	저 방금 승진했어요.

524

Have fun at work.
회사에서 좋은 시간 보내요.

직장에서 일하며 지내는 게 재밌고 즐겁다면 매일 출근하는 게 즐거울 겁니다. 인사말로 Have fun at work.은 '회사에서 좋은 시간 보내요.'입니다.

Jenna Good luck with *fractions.
수학 시험 잘 봐.

Becky Have fun at work.
회사에서 좋은 시간 보내세요.

*fraction (수학) 분수

525

You don't wanna work here.
당신은 이곳에서 일하고 싶지 않잖아요.

직장에 불만만 있는 친구나 지인에게 You don't wanna work here. 하고 속마음을 넌지시 꺼내볼 수 있어요. '당신은 이곳에서 일하고 싶지 않잖아요.'의 의미예요.

Nick You don't wanna work here, Carl.
너 이곳에서 일하고 싶지 않잖아, 칼.

Carl Yeah, I do.
아니, 일하고 싶어.

526

I want to offer you a job.
당신에게 일자리를 제공하고 싶어요.

어떤 일에 대한 적임자가 나타나게 되면 먼저 I want to offer you a job.하고 제안하게 되는데요, 의미는 '당신에게 일자리를 제공하고 싶어요.'입니다.

God Anyway, I want to offer you a job.
아무튼, 자네에게 일자리를 제공하고 싶어.

Bruce What job?
무슨 일인데요?

God My job.
내 일 말이야.

527

I'd like to apply for a small business loan.
중소기업 대출금을 신청하고 싶어요.

은행에서 중소기업 대출금을 신청하고 싶을 때 I'd like to apply for a small business loan.처럼 말하면 되는데요, 숙어로 apply for는 '~을 신청하다'이므로 '중소기업 대출금을 신청하고 싶어요.'의 뜻입니다.

Woman	Excuse me. I'd like to apply for a small business loan.
	실례합니다. 중소기업 대출금을 신청하고 싶어요.
Carl	And what's your business?
	그러면 무슨 사업이죠?

Review Quiz

291 인터뷰는 어땠어요?

How did the _____ go?

292 저는 면접이 있어요.

I have a _____ interview.

293 방금 승진했어요.

I just got _____.

294 당신은 이곳에서 일하고 싶지 않잖아요.

You don't wanna _____ here.

295 중소기업 대출금을 신청하고 싶어요.

I'd like to _____ for a small business loan.

291 interview 292 job 293 promoted 294 work 295 apply

약속

사적으로나 공적으로 약속이 있을 때

●SCENE 친구와의 개인적인 약속을 잡을 수도 있고 업무상 거래처 사람들과의 약속을 잡을 때도 있는데요. 약속 시간을 잘 지키는 것은 상대방에게 신뢰감을 주는 겁니다.

영화 [The Devil Wears Prada] 중에서

528

I have an appointment.
약속이 있어요.

중요한 약속이 있다고 할 때 명사 appointment를 활용해서 I have an appointment.하고 표현하면 됩니다. '약속이 있어요.'로 때에 따라서는 전치사 with를 넣어 문장을 길게 만들 수 있어요.

Andrea Hi, uh, I have an appointment with Emily Charlton?
안녕하세요. 어, 에밀리 찰톤과 약속이 잡혀있는데요?

Emily   Andrea Sachs?
앤드리아 삭스예요?

영화 [007 : Quantum Of Solace] 중에서

529

I don't have time.
시간 없어요.

사적이든 공적이든 시간 약속을 지키는 것은 중요합니다. 혹시 누군가를 만날 시간이 없을 때 I don't have time.처럼 표현하기도 하죠. 의미는 '시간 없어요.'입니다.

M   I need you to come in and *debrief.
와서 보고해줘야겠어.

James   I don't have time.
시간 없어요.

*debrief 보고를 듣다

530

I've been expecting you.
당신을 기다리고 있었어요.

누군가를 기다릴 때 wait for가 먼저 생각나지만 때로는 expect로도 표현해요. 영어로 I've been expecting you.는 '당신을 기다리고 있었어요.'로 동사 expect는 여기서 '기다리다'의 뜻이에요.

God   You must be Bruce. I've been expecting you.
자네가 브루스가 틀림없군. 자네를 기다리고 있었네.

Bruce   This is *hilarious.
이거 참 우습군요.

*hilarious 유쾌한, 즐거운

531

I'm so glad you could make it.
와 주셔서 너무 기뻐요.

상대방이 중요한 약속 모임에 잊지 않고 와줬다면 I'm so glad you could make it.처럼 말하게 되죠. 숙어로 make it은 '성공하다', '도 착하다'로 '와 주셔서 너무 기뻐요.'의 뜻이 되지요.

Judy   I'm so glad you could make it. Hey, sweetie.
와 줘서 너무 기뻐. 안녕, 아가씨.

Joy   Hi! This is my girlfriend, Tipper.
안녕하세요! 이쪽은 제 여자친구 티퍼예요.

532

I just wanted to double-check that.
그냥 그 점을 재확인하고 싶었어요.

중요한 약속이나 모임이 취소되었을 때 그 이유가 뭔지 궁금해서 I just wanted to double-check that.처럼 표현하게 됩니다. '그냥 그 점을 재확인하고 싶었어요.'의 뜻으로 double-check은 '재확인하다' 예요.

Joy   I got a phone call from Annette saying that our *session was **canceled today. I just wanted to double-check that.
우리 회의가 오늘 취소되었다는 것을 아네트로부터 전화 받았어요. 그 냥 그 점을 재확인하고 싶었어요.

Dr. Twitchell   Your session is ***definitely still on.
당신 회의는 아직도 분명하게 유효해요.

*session 회의 **cancel 취소하다 ***definitely 분명히, 확실하게

533

You have a conference call in 30 minutes.
30분 후에 전화 회의가 있어요.

비즈니스에서 conference call은 '전화 회의'를 말합니다. 영어로 You have a conference call in 30 minutes.는 '30분 후에 전화 회의가 있어요.'입니다.

Andrew　Good morning, boss. You have a conference call in 30 minutes.
안녕하세요, 편집장님. 30분 후에 전화 회의가 있습니다.

Margaret　Yes. About the marketing of the spring books. I know.
응. 봄 책 마케팅에 관한 거지. 나도 알아.

534

You're just in time.
제 시간에 맞춰 왔네요.

약속 시간에 맞춰서 상대방이 나타나면 You're just in time.하고 말하기도 합니다. 숙어로 in time은 '늦지 않게', '제 시간'의 뜻이므로 '제 시간에 맞춰 왔네요.'가 되죠.

Elena　It's okay, it's okay. You're just in time.
괜찮아, 괜찮아. 제 시간에 맞춰 왔어.

Dominic　You're gonna be a great father, Brian.
자넨 훌륭한 아빠가 될 거야, 브라이언.

535

I don't understand why it's so difficult to confirm an appointment.
약속 확인하는 게 왜 이리 어려운지 모르겠어요.

약속을 확인하는데 어려움이 있으면 I don't understand why it's so difficult to confirm an appointment.하며 푸념하게 되죠. 뜻은 '약속 확인하는 게 왜 이리 어려운지 모르겠어요.'입니다.

Miranda　I don't understand why it's so difficult to confirm an appointment.
약속 확인하는 게 왜 이리 어려운지 모르겠어.

Emily　I know. I'm so sorry, Miranda. I actually did confirm last night.
저도 알아요. 너무 죄송해요, 미란다. 실은 제가 지난밤에 확인했어요.

Review Quiz ─────────────────────────────

296 약속이 있어요.

I have an _____.

297 당신을 기다리고 있었어요.

I've been _____ you.

298 그냥 그 점을 재확인하고 싶었어요.

I just wanted to _____ that.

299 제 시간에 맞춰 왔네요.

You're _____ in time.

300 약속 확인하는 게 왜 이리 어려운지 모르겠어요.

I don't _____ why it's so difficult to confirm an appointment.

296 appointment 297 expecting 298 double-check 299 just 300 understand

Unit 12

MP3

여가 시간에 뭐하세요?

취미

자신이 좋아하는 취미를 말할 때

●SCENE 취미 관련 질문 중에 What do you do for fun?은 '취미가 뭐예요?'입니다. 명사 hobby로 표현할 것 같지만 네이티브들은 이런 식으로 말합니다. 취미로 무언가를 오랫동안 즐길 수 있다는 것은 행복한 일입니다.

영화 [August Rush] 중에서

536

How long have you been playing?
연주한 지 얼마나 됐어요?

우리 주변에는 유난히 악기를 잘 다루는 사람이 많습니다. 누군가가 악기 연주를 잘한다면 How long have you been playing?하고 물어 볼 수 있는데요, 의미는 '연주한 지 얼마나 됐어요?'입니다.

Louis	How long have you been playing?
	연주한 지 얼마나 된 거니?
August	Six months.
	6개월이에요.

영화 [50 First Dates] 중에서

537

How's the painting coming?
그림은 어떻게 되어가고 있어요?

취미로 그림을 그리는 사람들이 주변에 많아요. 이때 How's the painting coming?처럼 물어보기도 하죠. 의미는 '그림은 어떻게 되어가고 있어요?'입니다.

Marlin	Hey, sweetie. How's the painting coming?
	얘야. 그림은 어떻게 되어가고 있어?
Lucy	You'll *see.
	알게 될 거예요.

*see 보다, 이해하다

538

How was your workout?
운동은 어땠어요?

평소처럼 운동을 마치고 온 사람에게 How was your workout?하고 물어보면 '운동은 어땠어요?'의 의미예요. 명사 workout은 '운동'을 뜻합니다.

Beverly	How was your workout? 운동은 어땠어?
John	Same. How are you? 똑같아. 당신은 어때?

539

Why do you want a driver's license?
운전 면허증은 왜 필요해요?

차를 운전하려면 운전 면허증(a driver's license)가 필요합니다. 영어로 Why do you want a driver's license?는 '운전 면허증은 왜 필요해요?'입니다.

Leigh Anne	Michael, why do you want a driver's license? 마이클, 운전 면허증은 왜 필요해?
Michael	It's something to *carry with my name on it. 제 이름이 적혀 있어 가지고 다닐 수 있어서요.

*carry 취급하다, 휴대하다

540

What are your hobbies?
취미가 뭐예요?

보통 What are your hobbies?하고 말하면 '취미가 뭐예요?'로 단순한 취미가 아닌 시간과 노력이 많이 들어간 취미로 전문적으로 즐기는 것을 말합니다. 보통은 What do you do for fun?처럼 표현해요.

Dr. Twitchell	So, Jack, tell me about yourself. What are your hobbies? 그러면, 잭, 자신에 대해 얘기해 봐요. 취미가 뭐죠?
Jack	Hobbies. You mean, besides my *marriage? 취미라. 제 결혼 말고요?

*marriage 결혼

541

Did you just take my picture?
방금 제 사진 찍었어요?

해외여행 도중에 모르는 외국사람이 다가와 사진으로 자신의 모습을 찍었다면 Did you just take my picture?하고 물어보고 싶어집니다. 의미는 '방금 제 사진 찍었어요?'입니다.

Carl   Hi. Did you just take my picture?
안녕하세요. 방금 제 사진 찍었나요?

Allison   *Maybe.
아마도요.

*maybe 아마도

542

If you want, I can help you with your song.
원하면, 노래 부르는 거 도와 줄 수 있어요.

노래 부르는 데 자신이 없을 때 상대방이 If you want, I can help you with your song.처럼 말한다면 그 의미는 '원하면, 노래 부르는 거 도와줄 수 있어요.'입니다.

Marcos   Hey, if you want, I can help you with your song.
이봐, 원하면, 노래 부르는 거 도와줄 수 있어.

Tabitha   No, you can't.
아니, 넌 할 수 없어.

543

I'm taking a picture.
사진 찍고 있어요.

숙어로 take a picture는 '사진을 찍다'로 I'm taking a picture.하고 말하면 '사진 찍고 있어요.'처럼 '진행'의 뜻으로 해석됩니다.

Carl   What are you doing?
뭐하는 거예요?

Allison   I'm taking a picture. Smile.
사진 찍는 거예요. 웃어요.

544

Can we go see a movie sometime?
우리 언젠가 가서 영화나 볼까요?

영화를 보는 게 취미일 경우 좋은 영화라면 누군가에게 함께 보자고 제안할 수 있어요. 영어로 Can we go see a movie sometime?은 '우리 언젠가 가서 영화나 볼까요?'로 see a movie는 '영화를 보다'입니다.

John   Can we go see a movie sometime?
우리 언젠가 가서 영화나 볼까?

Beverly   Yeah. Or *at least we could **look at the ads in the paper together.
응. 또는 적어도 신문에 실린 광고는 함께 볼 수 있을 거야.

*at least 적어도 **look at ~을 보다

Review Quiz

301   연주한 지 얼마나 됐어요?

How _____ have you been playing?

302   운동은 어땠어요?

How was your _____?

303   취미가 뭐예요?

What are your _____?

304   원하면, 노래 부르는 거 도와 줄 수 있어요.

If you want, I can _____ you with your song.

305   우리 언젠가 가서 영화나 볼까요?

Can we go see a movie _____?

301 long 302 workout 303 hobbies 304 help 305 sometime

운동

운동에 대해 얘기하고 싶을 때

● SCENE 혼자 할 수 있는 운동이 있는 반면에 팀 구성이 필요한 운동도 있습니다. 평소에 좋아하는 운동선수가 있으면 일거수일투족에 관심을 두게 되고 점점 광팬이 되어가게 됩니다.

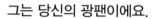

영화 [The Benchwarmers] 중에서

545

He's a huge fan of yours.
그는 당신의 광팬이에요.

우리말에 '광팬'을 a huge fan이라고 하는데요. 이를 응용해서 He's a huge fan of yours. 처럼 표현하면 그 의미는 '그는 당신의 광팬이에요.'입니다.

Sarah He's a huge fan of yours and the *Benchwarmers.
그 아이는 당신과 벤치워머 광팬이에요.

Richie Oh, wow, cool. Thanks for **cheering us on.
오, 와우, 좋아요. 우리를 응원해줘서 고마워요.

*benchwarmer 후보 선수 **cheer on ~을 응원하다

546

영화 [Goal! – The Dream Begins] 중에서

He's quite a player.
그는 대단한 선수예요.

유난히 운동을 잘하는 사람이 있습니다. 명사 player를 활용해서 He's quite a player.처럼 표현하면 '그는 대단한 선수예요.'가 됩니다.

Glen He's quite a player.
그 친구 대단한 선수군요.

Coach Yes, he is.
네, 그래요.

547

He hasn't quite gotten the hang of it yet.
그는 아직도 완전히 요령을 터득 못했어요.

못하는 운동을 지속적인 연습을 통해 요령을 터득할 수 있습니다. 숙어로 get the hang of it은 '요령을 터득하다'로 He hasn't quite gotten the hang of it yet.은 '그는 아직도 완전히 요령을 터득 못했어요.'입니다.

Leigh Anne	How's he doing?
	그 애는 어때?
Sean	He hasn't quite gotten the hang of it yet.
	아직은 완전히 요령을 터득 못했어.

548

We want you to coach the team.
우리는 당신이 팀을 지도했으면 해요.

영어 패턴 We want you to~는 '우리는 당신이 ~했으면 해요'로, 이 패턴을 활용해서 We want you to coach the team.하고 말하면 '우리는 당신이 팀을 지도했으면 해요.'입니다.

Ed	What are you guys doing here?
	당신들 여긴 웬일이야?
Clarence	We want you to coach the team.
	우리는 당신이 팀을 지도했으면 해.

549

We're in the middle of a practice.
우리는 연습 중이에요.

한참 운동 연습 중이라고 할 때 in the middle of를 활용해서 We're in the middle of a practice.처럼 표현합니다. 명사 practice는 '연습', '훈련'으로 '우리는 연습 중이에요.'이 이미인니다.

Bert	We're in the middle of a practice.
	우리는 연습 중이에요.
Leigh Anne	You can thank me *later.
	나중에 고마워해도 돼요.

*later 나중에, 이따가

550

You're his favorite player.
당신은 그 사람이 가장 좋아하는 선수예요.

가장 좋아하는 선수를 one's favorite player처럼 말합니다. 형용사 favorite는 '가장 좋아하는'으로 You're his favorite player.는 '당신은 그 사람이 가장 좋아하는 선수예요.'의 뜻이에요.

Lynn You're his favorite player.
당신은 그 사람이 가장 좋아하는 사람이야.

Ed I'd feel more *comfortable if he **hated me.
그가 날 증오하면 더 마음이 편할 거야.

*comfortable 편안한 **hate 증오하다

551

I think he's a remarkable talent.
그는 탁월한 재능을 가지고 있는 것 같아요.

운동을 하는 선수 중에서 남들보다 탁월한 재능을 가지고 있는 사람이 있습니다. 즉 I think he's a remarkable talent.는 '그는 탁월한 재능을 가지고 있는 것 같아요.'로 remarkable는 '훌륭한', '놀라운'입니다.

Glen I've just seen a young player. I think he's a remarkable talent.
방금 젊은 선수를 봤어요. 그 친구 탁월한 재능을 가지고 있는 것 같습니다.

Erik Who does he play for?
어느 팀 선수죠?

552

This game is make-or-break.
이 경기에 성패가 좌우됩니다.

이 경기에 성패가 좌우되는 경우 make-or-break(성패를 결정하는)를 사용해서 This game is make-or-break.처럼 말합니다. 의미는 '이 경기에 성패가 좌우됩니다.'의 의미예요.

Santiago This game is make-or-break. If the boss sees me *do well, he'll keep me on.
이 경기에 성패가 좌우돼요. 감독님이 내가 잘하는 걸 보면, 계속 경기 뛰게 할 거예요.

Rosie I'm sure he will.
틀림없이 그렇게 할 거예요.

*do well 잘하다

553

Why were you going to the gym?
체육관에 왜 가려고 했던 거예요?

숙어로 go to the gym은 '체육관에 가다'로 의문사 why를 넣어 Why were you going to the gym?하면 '체육관에 왜 가려고 했던 거예요?'의 뜻이 되죠.

Leigh Anne   **Big Mike**, why were you going to the gym?
빅 마이크, 체육관에 왜 가려고 했던 거지?

Michael   Because it's, it's warm.
따뜻해서요.

Review Quiz

306 그는 당신의 광팬이에요.

He's a _____ fan of yours.

307 그는 아직도 완전히 요령을 터득 못했어요.

He hasn't quite gotten the _____ of it yet.

308 우리는 연습 중이에요.

We're in the _____ of a practice.

309 그는 탁월한 재능을 가지고 있는 것 같아요.

I think he's a _____ talent.

310 체육관에 왜 가려고 했던 거예요?

Why were you going to the _____?

306 huge 307 hang 308 middle 309 remarkable 310 gym

281

Unit 13

사랑에 빠졌어요!

사랑

누군가와 사랑할 때

●SCENE   누군가로부터 사랑을 받고 있다고 느껴질 때 그것만큼 행복감을 주는 것은 없습니다. 내가 누군가를 사랑하거나 누군가가 나를 사랑한다는 것 그 자체만으로도 소중한 것이에요.

영화 [2067] 중에서

554

You're the only one I care about.
내가 신경 쓰는 건 당신뿐이에요.

숙어로 care about은 '신경쓰다', '관심갖다'로 You're the only one I care about.은 '내가 신경 쓰는 건 당신뿐이에요.'의 뜻이랍니다.

Ethan   You're the only one I care about.
내가 신경 쓰는 건 당신뿐이야.

Xanthe   I wouldn't be with you if I thought that was true.
그게 사실이라면 자기와 함께 있지 못할 거야.

영화 [What Happens In Vegas] 중에서

555

You're falling for her.
그녀에게 푹 빠졌군요.

누군가에게 '홀딱 반하다'라고 할 때 fall for를 사용합니다. 영어로 You're falling for her.는 '그녀에게 푹 빠졌군요.'로 사랑을 한다는 얘기입니다.

Harter   Oh, my God. You're falling for her.
오, 이런. 그녀에게 푹 빠졌군.

Jack   What?
뭐라고?

556

I just love you so much.
난 그저 당신을 너무나 사랑해요.

사랑하는 연인에게 I just love you so much.하면 '난 그저 당신을 너무나 사랑해요.'의 뜻입니다. 숙어로 so much는 '너무나', '많이'의 의미예요.

Jack I just love you so much!
    난 그저 당신을 너무나 사랑해!

Joy   Not *as much as I love you!
    내가 사랑하는 만큼은 아니겠지!

*as much as 만큼

557

I love you very much.
당신을 너무 사랑해요.

사랑한다는 말을 표현하는 것만큼 설레는 것은 없어요. 누군가에게 I love you very much. 하고 말하면 '당신을 너무 사랑해요.'가 되는 겁니다.

Henry I love you very much. *Probably more than anybody could love another person.
    당신을 너무 사랑해요. 아마도 누군가가 다른 사람을 사랑하는 것 보다 더 많이요.

Lucy   Wow! And how do I feel about you?
    와우! 그러면 내가 당신에 대해 어떻게 생각할까요?

*probably 아마도

558

When are you going to tell them we're engaged?
우리가 약혼한 거 언제 그들에게 말할 거예요?

자신들이 약혼한 사실을 누군가에게 얘기할 때 궁금해서 When are you going to tell them we're engaged?하고 물어보면 그 의미는 '우리가 약혼한 거 언제 그들에게 말할 거예요?'입니다.

Margaret When are you going to tell them we're engaged?
    우리가 약혼한 거 언제 그들에게 말할 거야?

Andrew I'll pick the right moment.
    적당한 때를 알아볼게요.

559

Ask me nicely to marry you.
결혼해 달라고 공손하게 부탁해요.

자신과 결혼해 달라고 부탁할 때 Ask me nicely to marry you.하고 말하면 '결혼해 달라고 공손하게 부탁해요.'입니다.

Andrew   Ask me nicely to marry you, Margaret.
당신과 결혼해 달라고 멋있게 부탁해요, 마가렛.

Margaret   What does that *mean?
그게 무슨 뜻이야?

*mean 의미하다

560

That's why you love me.
그 이유로 절 사랑하잖아요.

앞에서 이유를 일일이 열거한 후 That's why~하고 말하면 '그 이유로~'가 됩니다. 즉 That's why you love me.는 '그 이유로 절 사랑하잖아요.'가 되지요.

Robin   Just do this for me, please.
제발 그냥 날 위해 이 일을 해줘.

Simmons   Sorry, boss. That's why you love me.
미안해, 대장. 그 이유로 날 사랑하잖아.

561

Nothing beats a first kiss.
첫 키스보다 더 좋은 건 없어요.

첫 키스처럼 강렬한 느낌을 주는 것은 없어요. 영어로 Nothing beats a first kiss.를 직역하면 '어느 것도 첫 키스를 못 이겨요.'로 beat은 '이기다', '물리치다'입니다. 의역하면 '첫 키스보다 더 좋은 것 없어요.'이죠.

Henry   Feeling better now?
이제 기분이 더 좋아졌나요?

Lucy   Nothing beats a first kiss. There's nothing like a first kiss.
첫 키스보다 더 좋은 건 없어요. 첫 키스 같은 것은 없어요.

Review Quiz ————————————————————————————

311 내가 신경 쓰는 건 당신뿐이에요.

You're the only one I _____ about.

312 난 그저 당신을 너무나 사랑해요.

I _____ love you so much.

313 우리가 약혼한 거 언제 그들에게 말할 거예요?

When are you going to tell them we're _____?

314 그 이유로 절 사랑하잖아요.

That's _____ you love me.

315 첫 키스보다 더 좋은 건 없어요.

Nothing _____ a first kiss.

311 care 312 just 313 engaged 314 why 315 beats

 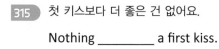

SCENE 40

이별

누군가와 이별을 고할 때

• SCENE 사랑하는 사람으로부터 이별 통보를 받거나 버림을 받았다면(get dumped) 마음이 어떨까요? 이 상황을 어떻게 해쳐 나아가야 할지 정말 막막해집니다. 어떤 이는 말하죠. 시간이 약이라고요.

영화 [What Happens In Vegas] 중에서

562 I just got dumped.

방금 차였어요.

누군가로부터 실연당하거나 차였을 때 get dumped로 말합니다. 그러므로 I just got dumped.는 '방금 차였어요.'가 되지요.

Jack I just *got fired. So, cheers to that.
방금 해고당했어요. 그러니까, 건배.

Joy I just got dumped, so, salud.
방금 차였어요. 그러니까, 건배.

*get fired 해고당하다

영화 [What Happens In Vegas] 중에서

563 Are you dumping me?

날 차는 건가요?

상대방이 자신을 차버리려고 할 때 Are you dumping me?하고 물어보게 됩니다. 동사 dump에는 '차다'라는 뜻이 있어 '날 차는 건가요?'가 되죠. 자신과의 관계를 끝낼 셈인지 궁금할 때 사용하는 표현이에요.

Joy Are you dumping me?
날 차는 건가요?

Jack You didn't.
당신이 날 안 찼잖아요.

Joy No! I was coming down here to dump you!
아니요! 당신을 차려고 이곳에 내려왔던 거예요!

564

Why'd he dump her?

왜 그가 그녀를 버렸나요?

동사 dump는 '헤어지다', '버리다'로 보통 남녀 간에서 자주 사용하죠. 만약 Why'd he dump her?하고 물어보면 그 뜻은 '왜 그가 그녀를 버렸나요?'입니다.

Vern　　Why'd he dump her?
　　　　왜 그 사람이 그녀를 버렸나요?

Bobbie　How *the hell should I know?
　　　　도대체 내가 어떻게 알아요?

*the hell 도대체

565

Are you divorced?

이혼했어요?

잘못된 결혼 생활로 결국에는 be divorced하게 되는데요, 영어로 Are you divorced?는 '이혼했어요?'의 의미예요.

Lawyer　Are you divorced?
　　　　이혼했어요?

Yvonne　No.
　　　　아니요.

566

I cheated on you once.

한 번 바람피웠어요.

사랑하는 사람이 남몰래 바람을 피우게 되면 이별의 원인이 됩니다. 영어로 I cheated on you once.는 '한 번 바람피웠어요.'로 cheat on someone는 '바람피우나'입니다.

Lynn　Did you wanna apologize for cheating on me? Twice.
　　　바람피운 거 사과하고 싶었던 거야? 두 번이지.

Ed　　Hey, I cheated on you once.
　　　잠깐만, 한 번 바람피웠어.

567

I'm not going to risk losing you.
당신을 잃을 각오로 행동하지 않을 거예요.

보통 risk –ing는 '～을 받을 각오로 행동하다'로 I'm not going to risk losing you.는 '당신을 잃을 각오로 행동하지 않을 거예요.'의 뜻입니다.

Xanthe   I can't believe what I'm hearing right now.
지금 내가 듣고 있는 말 못 믿겠어.

Ethan   No. I'm not going to risk losing you.
아니. 당신을 잃을 각오로 행동하지 않을 거야.

568

You don't really want to be with me.
당신은 저랑 정말 함께 하고 싶지 않잖아요.

자신의 판단으로 볼 때 You don't really want to be with me.처럼 상대에게 말하면 '당신은 저랑 정말 함께 하고 싶지 않잖아요.'의 뜻입니다. 숙어로 be with는 '～와 함께 하다'예요.

Margaret   Trust me. You don't really want to be with me.
날 믿어. 당신은 나랑 정말 함께 있고 싶지 않잖아.

Andrew   Yes, I do.
아니. 있고 싶어요.

569

Don't you dare leave us again.
다신 우릴 떠나지 마요.

누군가가 자신들을 두고 떠나려고 할 때 Don't you dare leave us again.하고 충고의 한마디를 할 수가 있어요. '다신 우릴 떠나지 마요.'입니다.

Richard   I'm sorry, Ethy. You're done. It won't *come off.
미안해, 이티. 넌 끝났어. 그거 떼어낼 수 없을 거야.

Selene   What's wrong with you? Don't you dare leave us again.
당신 왜 그래? 다신 우릴 떠나지 마.

*come off 떼어낼 수 있다. 성공하다

570

We have to go our separate ways now.
이제 각자의 길을 가야 해요.

누군가와 이별을 고할 때 We have to go our separate ways now.처럼 말한다면 그 의미는 '이제 각자의 길을 가야 해요.'로 형용사 separate는 '개별적인', '각각의'입니다.

Henry   We have to go our separate ways now.
이제 각자의 길을 가야 해요.

Linda   Well, goodbye.
음, 잘 가요.

Review Quiz

316 방금 차였어요.

I just _____ dumped.

317 왜 그가 그녀를 버렸나요?

Why'd he _____ her?

318 한 번 바람피웠어요.

I _____ on you once.

319 당신은 저랑 정말 함께 하고 싶지 않잖아요.

You don't _____ want to be with me.

320 이제 각자의 길을 가야 해요.

We have to go our _____ ways now.

316 got 317 dump 318 cheated 319 really 320 separate

291

자신의 감정을 표현할 때

●SCENE 자신의 감정을 어떻게 표현하느냐에 따라 상대방에게 기쁨을 줄 수도 있고 깊은 상처를 남길 수도 있습니다. 그만큼 신중하게 생각하고 말해야 하는데요. 때로는 강한 어조로 얘기해야 할 경우도 있습니다.

영화 [The Proposal] 중에서

571

Stop complaining.
불평 그만해요.

불평만 늘어놓은 사람에게 Stop complaining.처럼 얘기하면 그 뜻은 '불평 그만해요.'가 됩니다. 동사 complain는 '불평하다'예요.

Andrew I haven't had a lot of vacation time for the last three years.
지난 3년 동안 휴가 시간이 많지 않았어요.

Margaret Stop complaining.
불평 그만해.

영화 [2012] 중에서

572

Stop calling me that.
그렇게 날 부르지 마.

자신을 어떤 식으로 부르지 말라고 할 때 Stop calling me that.처럼 말하기도 합니다. 뜻은 '그렇게 날 부르지 마.'예요.

Noah I'm not ready for that, Jackson.
전 그걸 할 준비가 안 됐어요, 잭슨.

Jackson Stop calling me that. It's *creeping me out.
그렇게 날 부르지 마. 나까지 불안해지잖아.

*creep ~ out ~을 소름끼치게 하다

573

Just stop talking, please.
그냥 제발 얘기하지 마요.

때로는 남이 하는 말을 듣고 싶지 않을 때가 있어요. 이런 상황에서 Just stop talking, please.하고 말하면 '그냥 제발 얘기하지 마요.'가 됩니다.

Andrew What's wrong?
무슨 일이에요?

Margaret Nothing! Just stop talking, please!
아무것도 아냐! 그냥 제발 얘기하지 마!

574

I think I hurt her feelings.
그녀 마음을 아프게 한 것 같아요.

영어로 I think I hurt ger feelings.는 '그녀 마음을 아프게 한 것 같아요.'의 뜻이에요. 마음의 상처를 줄 때 hurt one's feelings(상처주다)이라고 합니다.

Marlin *Stay away from my daughter.
내 딸로부터 멀리 떨어져.

Henry **Absolutely. I just, I think I hurt her feelings and I don't want it to ***end like that.
당연하죠. 전 그냥, 그녀 마음을 아프게 한 것 같고 그런 식으로 끝내고 싶진 않아요.

*stay away from ~부터 멀리하다 **absolutely 절대적으로, 물론 ***end like that 그런 식으로 끝나다

575

I like you making me laugh.
절 웃게 하는 당신이 좋아요.

웃음보다 좋은 보약은 없어요. 상대방이 널 웃게 만들어 줄 때 I like you making me laugh.하고 한마디 건넬 수가 있는데요, 의미는 '절 웃게 하는 당신이 좋아요.'입니다.

Henry I like your laugh.
당신이 웃는 게 좋아요.

Lucy I like you making me laugh.
절 웃게 하는 당신이 좋아요.

What's the deal with you and your father?
아버지만 보면 대체 왜 그래요?

아버지와의 지속적인 문제가 있는 것처럼 보일 때 What's the deal with you and your father?하고 궁금해서 물어볼 수 있어요. 뜻은 '아버지만 보면 대체 왜 그래요?'입니다.

Margaret What's the deal with you and your father?
아버지만 보면 대체 왜 그래?

Andrew Ooh, I'm sorry. That question is not in the *binder.
오, 미안해요. 그 질문은 계약상에 없는데요.

*binder (가) 계약

Can we just give it a rest, please?
그냥 그 얘긴 그만 좀 할까요?

듣기 싫은 말을 상대방이 계속 꺼낸다면 Can we just give it a rest, please?하고 한마디 하게 됩니다. 숙어로 give it a rest는 '적당히 하다', '그만하다'이므로 '그냥 그 얘긴 그만 좀 할까요?'가 되죠.

Gordon So why did you *stick with him so long, anyway?
왜 그렇게 오랫동안 그 친구랑 붙어있는 거지?

Kate Can we just give it a rest, please? He's the father of my children.
그냥 제발 그 얘긴 그만 좀 할 까요? 그는 얘들의 아빠잖아요.

*stick with 계속하다, 밑에 머물다

This place is so great.
여기 너무 근사해요.

자신이 현재 있는 곳이 너무 멋있게 느껴질 때 This place is so great.하고 말하게 되는데요, '여기 너무 근사해요.'의 뜻입니다.

Duke Hey, little guy. This place is so great!
이봐, 꼬마야. 여기 너무 근사해!

Max Uh-huh.
으응.

579

This is hopeless.
이건 절망적이에요.

전혀 가망이 없고 절망적인 상황일 때 This is hopeless.처럼 표현해요. 형용사 hopeless는 '가망 없는', '절망적인'으로 의미가 '이건 절망적이에요.'인 거죠.

Tiberius   It's no wonder I have no friends. Nobody. This is hopeless.
내가 친구 없는 게 당연해. 아무도 없어. 이건 절망적이야

Gidget   Oh, don't... *There's no need to cry.
오, 눈물을 보일 필요는 없어요.

*There is no need to~ ~할 필요가 없다

Review Quiz

321   불평 그만해요.

Stop _____.

322   그냥 제발 얘기하지 마요.

Just _____ talking, please.

323   절 웃게 하는 당신이 좋아요.

I like you _____ me laugh.

324   그냥 그 얘긴 그만 좀 할까요?

Can we just give it a _____, please?

325   이건 절망적이에요.

This is _____.

321 complaining 322 stop 323 making 324 rest 325 hopeless

Unit 14

MP3

준비됐어요!

계획

계획이나 일정을 언급할 때

●SCENE 하루의 일정이나 계획을 짜면서 어떤 일을 먼저 해야 할지 잠시나마 곰곰이 생각하게 됩니다. 중요하지 않은 일을 다음날로 미루게 되는데요. 돌발 변수로 기존 계획에 변경이 생기기도 합니다.

영화 [The Secret Life Of Pets] 중에서

580

I got big plans.
중요한 계획이 있어요.

 평소와는 사뭇 다르게 중요하거나 큰 계획이 있다고 할 때 I got big plans.처럼 말합니다. 즉 '중요한 계획이 있어요.'예요.

Gidget   Any plans today?
               혹시 오늘 일정 있는 거야?

Max   Uh, yes. Big, big *stuff today, Gidget. I got big plans.
               어, 응. 오늘 큰 일이 있어, 가젯. 중요한 계획이 있단 말이야.

stuff 물건, 분야

영화 [2012] 중에서

581

There's a good plan.
괜찮은 계획이 있어요.

 자신에게 좋은 계획이 있다고 할 때 하는 말이 There's a good plan.입니다. '괜찮은 계획이 있어요.'로 I have a good plan.처럼 표현하기도 하죠.

Mr. Anheuser   There's a good plan.
                     괜찮은 계획이 있어.

Adrian   I just *traveled **20 straight hours to get here, sir. I haven't slept in two days.
               이곳에 오려고 20시간 내내 비행했어요. 이틀 동안 못 잤습니다.

*travel 여행하다 **20 straight hours 20시간 내내*

582

That's the plan.
그게 계획이에요.

바로 그게 자신이 생각하고 있는 계획이라고 할 때 That's the plan.하고 말합니다. 즉 '그게 계획이에요.'인거죠.

Adrian   All these people out there sir... shouldn't we be issuing *warnings now?
밖에 있는 이 모든 사람들... 이제 경고를 해야 되지 않습니까?

Mr. Anheuser   Only when the **boarding process is complete. That's the plan.
오직 승선 과정이 끝날 때에. 그게 계획이야.

*warning 경고 **boarding process 탑승(승선) 과정

583

Stick to the plan.
계획대로 해요.

중요한 일 일수록 계획대로 처리하는 게 중요합니다. 영어로 Stick to the plan.은 '계획대로 해요.'로 여기서 stick to는 '~에 달라붙다', '고수하다'입니다.

Tim   11:30. Stick to the plan.
11시 30분이야. 계획대로 해.

Ted   11:15.
11시 15분이야.

584

I'll do it tomorrow.
내일 할 거예요.

오늘은 그렇고 내일은 꼭 일처리 하겠다고 할 때 I'll do it tomorrow.하고 말합니다. 의미는 '내일 할 거예요.'가 되지요.

Girl   Come on. Are you kidding me?
어서. 지금 장난해?

Tabitha   I just can't do it right now. Okay? I can't. I just can't. I'll do it tomorrow.
지금 당장은 못하겠어. 알겠어? 못해. 못한다니까. 내일 할 거야.

585

Plans are in motion.
계획은 시작됐어요.

직역하면 '계획들이 움직이고 있어요.'로 in motion은 '움직이고'입니다. 자연스럽게 의역하면 '계획은 시작됐어요.'가 되죠.

Cipher	You don't have a *chance. 꿈 깨는 게 좋아.
Jakob	Plans are in motion. 계획은 시작됐어.

*chance 기회

586

My schedule is brutal tomorrow.
내일은 할 일이 너무 많아요.

글자 그대로 직역하면 '제 스케줄이 내일은 무자비해요.'지만 자연스럽게 의역하면 '내일은 할 일이 너무 많아요.'입니다. 형용사 brutal은 '무자비한', '잔인한'이에요.

Tabitha	Dad. My schedule is brutal tomorrow. 아빠. 내일은 할 일이 너무 많아요.
Tim	Yeah. My schedule's pretty brutal, too. 응. 나도 할 일이 꽤 많아.

587

What are you going to do all day?
하루 종일 뭐할 거예요?

사적인 질문으로 What are you going to do all day?는 '하루 종일 뭐할 거예요?'로 여기서 all day는 '온종일의', '하루 종일 걸리는'이에요.

Joy	What are you going to do all day? 하루 종일 뭐할 거예요?
Jack	I don't know yet. 아직은 모르겠어요.

588

We go to plan B.
우리는 다른 계획을 써야겠어요.

첫 번째 계획이 성공하지 못할 경우에 진행할 계획을 plan B라 합니다. 즉 We go to plan B.는 '우리는 다른 계획을 써야겠어요.'예요.

Joy   You know, Tip, I don't *know if I can do this.
       있잖아, 팁, 내가 이걸 할 수 있을지는 모르겠어.

Tipper **Then** we go to plan B.
       그러면 우린 다른 계획을 써야겠어.

*know 알다

Review Quiz

326 중요한 계획이 있어요.

I got _____ plans.

327 그게 계획이에요.

That's the _____.

328 내일 할 거예요.

I'll do it _____.

329 내일은 할 일이 너무 많아요.

My schedule is _____ tomorrow.

330 우리는 다른 계획을 써야겠어요.

We _____ to plan B.

326 big 327 plan 328 tomorrow 329 brutal 330 go

중요한 거래를 얘기할 때

● SCENE 　개인적인 거래나 사업적인 거래나 모두 중요합니다. 명사 deal에는 '약속' 외에 '거래'라는 뜻이 있어요. 중요한 거래일수록 시간을 좀 두고 여러 상황들을 먼저 들여다 보게 되죠.

589

What exactly are you offering?
제안하려는 게 정확이 뭐예요?

상대방이 자신에게 제안하고 싶은 게 뭔지 알고 싶을 때 What ex-actly are you offering?하고 말하게 됩니다. 즉 '제안하려는 게 정확히 뭐예요?'의 뜻이죠.

Ethan 　I *appreciate you **bringing us up here, but what exactly are you offering?
　　　　우릴 이곳으로 오게 해주셔서 감사합니다. 하지만 제안하려는 게 정확이 뭐예요?

Regina 　What if I told you that you could save all of us?
　　　　만약 당신이 우리 모두를 구할 수 있다고 말한다면 어떻게 될까요?

*appreciate 감사하다 **bring up 불러오다, 제기하다

590

You wanna hear my offer?
제 제안을 듣고 싶어요?

누군가와 거래를 할 때 명사 offer를 사용해서 You wanna hear my offer?하고 얘기하면 '제 제안을 듣고 싶어요?'의 의미입니다.

Burrell 　Don't you at least wanna hear what I have to offer?
　　　　적어도 내가 뭘 제안해야 할지 듣고 싶지 않소?

Farmer 　No. You wanna hear my offer?
　　　　아니. 내 제안을 듣고 싶소?

591

You've got a deal.
약속했어요.

사적인 약속이든 공적인 약속이든 약속은 중요합니다. 영어로 You've got a deal.이라고 하면 '약속했어요.'로 명사 deal에는 '약속' 또는 '거래'의 뜻이 있습니다.

Charlie   You'll see me tomorrow.
내일 절 보게 될 거예요.

Yvonne   Well, I'll be here.
그러면, 이곳에 있을게요.

Charlie   You've got a deal.
약속한 거예요.

592

We have a deal.
그렇게 합시다, 합의된 겁니다.

명사 deal에는 '거래'외에도 '약속'이라는 뜻이 있어 We have a deal.하고 말하면 '그렇게 합시다.' 또는 '합의된 겁니다.'의 뜻으로 사용되는 표현입니다.

Ethan   I don't care if I can only find one dose of this cure. Xanthe gets the first one, or I'm not going. You need me.
단지 1회 분량의 치료제를 찾더라도 상관 안 해요. 잔테가 첫 번째 치료약을 받습니다. 아니면 안 갑니다. 제가 필요하잖아요.

Regina   Okay, Ethan. We have a deal.
알았어요, 이선. 그렇게 하죠.

593

I'm in the same boat.
저도 같은 처지예요.

누군가가 비밀로 하자고 제안할 때 자신도 같은 처지이기에 그렇게 하지 않을 거라고 할 때 I'm in the same boat.처럼 표현합니다. 의미는 '저도 같은 처지예요.'로 be in the same boat는 '같은 입장이다'이죠.

Link   Look, you're not gonna tell anybody in the office, are you?
사무실에 있는 어느 누구에게도 말 안 할 거지, 그렇지?

John   No, no, no. I wouldn't do that. Look, I'm in the same boat, aren't I?
안 해. 그렇게 안 할 거야. 나도 같은 처지잖아, 안 그래?

594

I wish I could make it.
그러고는 싶어요.

제안에 대한 답변으로 I wish I could make it.는 '그러고는 싶어요.'입니다. 보통 거절할 때 사용하는 표현으로 make it은 '해내다', '도착하다'의 의미예요.

Henry   I wish I could make it... but, yes, I will be there. Take care.
그러고는 싶지만... 네, 갈게요. 조심해서 가요.

Lucy   Okay.
알았어요.

595

That's the deal. Take it or leave it.
그게 조건이에요. 싫으면 관둬요.

명사 deal에는 '거래' 또는 '약속'이라는 뜻이 있어 뭔가 최후통첩으로 하는 말로 That's the deal. Take it or leave it.이라고 하면 '그게 조건이에요. 싫으면 관둬요.'의 의미로 쓰입니다.

Dominic   That's the deal. Take it or leave it.
그게 조건이야. 싫으면 관둬.

Luke   You get me Shaw, and I'll get your pardons.
쇼를 내게 데리고 와, 그러면 사면을 받아낼게.

596

Would you be willing to make a deal?
기꺼이 거래하시겠어요?

뭔가 거래 제안을 하면서 Would you be willing to make a deal?하고 말하면 '기꺼이 거래하시겠어요?'입니다. 숙어로 make a deal은 '거래하다'이고 be willing to는 '기꺼이 ~하다'이죠.

Mephistopheles   Would you be willing to make a deal?
기꺼이 거래하겠나?

Johnny   Name your price.
대가를 말해 봐요.

304

597

I'm not gonna be able to do this on my own.
나 혼자 이 일을 할 수 없을 거예요.

혼자서는 힘든 일을 못 할 것 같다면서 I'm not gonna be able to do this on my own.하고 말하면 '나 혼자 이 일을 할 수 없을 거예요.'의 뜻입니다. 숙어로 on one's own은 '혼자 힘으로'예요.

Sonic   And clearly, I'm not gonna be able to do this on my own.
그리고 분명한건, 나 혼자 이 일을 할 수 없을 거야.

Tom   All right, get in the truck.
알았어, 트럭에 타.

Review Quiz

331 제안하려는 게 정확이 뭐예요?

What _____ are you offering?

332 약속했어요.

You've _____ a deal.

333 저도 같은 처지예요.

I'm in the _____ boat.

334 그게 조건이에요. 싫으면 관둬요.

That's the deal. Take it or _____ it.

335 나 혼자 이 일을 할 수 없을 거예요.

I'm not gonna be _____ to do this on my own.

331 exactly 332 got 333 same 334 leave 335 able

305

부탁

무언가를 부탁하고 싶을 때

•SCENE 살다 보면 남에게 뭔가 부탁하고 싶을 때가 생기거나 남으로부터 부탁을 받는 경우가 있습니다. '부탁'하면 생각나는 단어가 favor인데요, 정중하게 부탁해야 할 때는 공손하게 말해야 합니다.

598

Can you please hold it down?
조용히 해주시겠어요?

숙어로 hold it down은 '조용히 하다', '소란 안 피우다'로 Can you please hold it down? 처럼 말하면 상황에 따라 '조용히 해주시겠어요?'의 뜻이 됩니다.

Woman	Can you please hold it down?
	조용히 해주시겠어요?
Man	Sorry, ma'am.
	죄송합니다.

599

Can I have your autograph?
사인 좀 해주시겠어요?

배우나 스포츠 선수처럼 자신이 좋아하는 사람을 우연히 만나게 되면 '사인 좀 해주시겠어 요?'하고 부탁하게 되는데요. Can I have your autograph?처럼 표현하죠. 명사 autograph 는 '사인', '서명'을 말합니다.

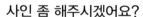

Woman	Russell, can I have your autograph?
	러셀, 사인 좀 해주시겠어요?
Russell	Yeah.
	네.

600

Can this wait till we get home?
집에 도착할 때까지 미루면 안 될까요?

동사 wait은 '기다리다'지만 때로는 '미루다'의 뜻으로도 쓰여 Can this wait till we get home?하고 말하면 그 의미는 '집에 도착할 때까지 미루면 안 될까요?'입니다.

Elaine	Can this wait till we get home? 집에 도착할 때까지 미루면 안 될까?
Anita	Mom, *pull over. 엄마, 차 세워요.

*pull over 차를 옆에 세우다

601

Could I maybe borrow this?
이것 좀 빌릴 수 있을까요?

상대방으로부터 빌리고 싶은 게 있을 때 동사 borrow를 사용합니다. 영어로 Could I maybe borrow this?는 '이것 좀 빌릴 수 있을까요?'의 의미예요.

Luca	Could I maybe borrow this? Just for tonight. 이것 좀 빌릴 수 있을까? 그냥 오늘밤만.
Giulia	You can have it. 그거 가져도 돼.

602

Could you do me a favor?
부탁 들어주시겠어요?

뭔가 부탁할 게 상대방에게 있을 때 Could you~ 패턴을 활용해서 Could you do me a favor.하고 말하기도 하는데요, 숙어로 do me a favor는 '부탁을 들어주다'로 의미가 '부탁 들어주시겠어요?'가 되지요.

James	Could you do me a favor? You're gonna get a phone call *in a minute. Would you mind telling them **I'm headed for Cairo? 부탁 들어주시겠어요? 잠시 후 전화 올 거예요. 제가 카이로로 갔다고 얘기해주시겠어요?
Woman	I'd be happy to. 기꺼이 해드리죠.

*in a minute 잠시 후에, 조금 이따가 **be headed for ~로 향하다

307

I need you to film something.
뭔가 촬영해줬으면 해요.

뭔가 영상으로 남기고 싶어 상대방에게 I need you to film something.처럼 말하면 '뭔가 촬영해줬으면 해요.'가 됩니다.

Derek   Here, take my phone. I need you to film something.
여기, 내 전화기 받아. 뭔가 촬영해줬으면 해.

Melanie   Film what?
뭘 찍으라는 거지?

Why don't you introduce yourself?
자신을 소개하는 게 어때요?

상대방이 어떤 사람인지 궁금할 때 Why don't you introduce yourself?처럼 부탁할 수 있는데요, 동시 introduce는 '소개하다'로 '자신을 소개하는 게 어때요?'의 의미입니다.

Dr. Armstrong   Why don't you introduce yourself?
자신을 소개하는 게 어때?

Marcos   Uh, my name is Ti, um, Marcos.
어, 내 이름은 티, 음, 마르코스에요.

Would you stop bossing him around?
그에게 이래라저래라 그만해주시겠어요?

마치 상사처럼 누군가에게 이래라저래라 지시하는 것을 비유한 말이 boss around입니다. 영어로 Would you stop bossing him around?는 '그에게 이래라저래라 그만해주시겠어요?'의 뜻으로 사용되는 표현이에요.

Alberto   Would you stop bossing him around?
걔한테 이래라저래라 그만해줄래?

Giulia   What is your *problem?
왜 그러는 거지?

*problem 문제

606

Do you know how to use one of these?
이것 중에 하나 어떻게 사용하는지 알아요?

뭔가 사용하는 방법을 제대로 알고 있는지 궁금해서 Do you know how to use one of these?처럼 물어보면 그 의미는 '이것 중에 하나 어떻게 사용하는지 알아요?'입니다.

Bruce   Do you know how to use one of these?
이것 중에 하나 어떻게 사용하는지 아니?

Kid   Duh.
네.

Review Quiz

336   조용히 해주시겠어요?

Can you please _____ it down?

337   집에 도착할 때까지 미루면 안 될까요?

Can this _____ till we get home?

338   부탁 들어주시겠어요?

Could you do me a _____?

339   자신을 소개하는 게 어때요?

Why don't you _____ yourself?

340   이것 중에 하나 어떻게 사용하는지 알아요?

Do you know how to _____ one of these?

336 hold 337 wait 338 favor 339 introduce 340 use

309

자신 얘기

자신에 대해 언급할 때

●SCENE 대화 중에 혹시나 자신에 대해 잠시나마 말해야 할 경우 얘기할 수 있는 내용이 많습니다.
성격, 취미, 성향, 직업처럼 일일이 열거하기가 좀 버겁기도 하죠. 자신이 하는 일이나
좋아하는 것을 먼저 언급해 보세요.

607

I'm so naive.
난 너무 순진해요.

우리말에 '순진하다'를 영어로는 be naive라 합니다. 그러므로 I'm so naive.는 '난 너무 순
진해요.'의 의미가 되죠.

Dalia   You're a thief.
당신 도둑이군요.

Aladdin   No, no. Yes, but...
아니, 아니요. 네, 하지만...

Dalia   I'm so naive.
내가 너무 순진했어요.

608

I'm so predictable.
전 너무 빤히 들여다보여요.

자신을 I'm so predictable.처럼 묘사한다면 그 의미는 '전 너무 빤히 들여다보여요.'입니다.
형용사 predictable는 '예언(예측)할 수 있는'이에요.

Russell   I'm so predictable.
난 너무 빤히 들여다보여.

Jeff   Deal with it.
받아들여.

 310

I'm a vegetarian.
저는 채식주의자예요.

자신은 채식주의자라 음식을 가려 먹는다고 할 때 I'm a vegetarian.처럼 표현합니다. 명사 vegetarian는 '채식주의자'이므로 '저는 채식주의자예요.'의 뜻이에요.

Bella　What do you think of the *guinea-fowl?
　　　　뿔닭을 어떻게 생각하세요?

Anna　I'm a vegetarian.
　　　　저는 채식주의자예요.

*guinea–fowl 뿔닭

I'm terrible at interviews.
인터뷰를 잘 못해요.

뭔가에 자신이 없거나 못할 때 be terrible at을 사용합니다. '~에 서투르다', '~에 젬병이다'로 I'm terrible at interviews.는 '인터뷰를 잘 못해요.'의 뜻이 되지요.

Luke　Sit down.
　　　　앉아요.

Rebecca　I'm sorry, I'm terrible at interviews.
　　　　죄송해요, 인터뷰를 잘 못해요.

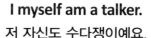

I myself am a talker.
저 자신도 수다쟁이예요.

말하는 것을 좋아하면 끊임없이 얘기하는 걸 즐기게 됩니다. 영어로 I myself am a talker.는 '저 자신도 수다쟁이예요.'로 myself는 강조의 역할을 하며 생략이 가능해요.

Charlie　Am I talking *incessantly?
　　　　제가 끊임없이 얘기하고 있는 건가요?

Yvonne　Yes. But I like it. I, I, I myself am a talker.
　　　　네. 하지만 마음에 들어요. 저, 저 자신도 수다쟁이거든요.

*incessantly 끊임없이

311

612

I won't interrupt.
방해 안 할게요.

자신은 방해하지 않고 가만히 있을 거라고 할 때 동사 interrupt(방해하다)를 활용해서 I won't interrupt.하고 말합이다. '방해 안 할 게요.'가 되지요.

Max I'm gonna sit here and I'm gonna wait for Katie to *come back.
여기 앉아서 케이티가 돌아올 때까지 기다릴 거야.

Gidget Oh, that sounds **exciting. Well, I won't interrupt. I've got a very busy day, too.
오, 신나겠다. 음, 방해 안 할게. 나도 무척 바쁘거든.

*come back 돌아오다 **exciting 흥분시키는

613

It's my specialty.
그건 제 전문이에요.

어느 누구보다 더 자신 있게 할 수 분야를 명사 specialty로 표현할 수 있는데요, It's my specialty.는 '그건 제 전문이에요.'의 뜻입니다.

Melanie What are you *looking for?
뭘 찾고 있는 거지?

Derek A loophole. It's my specialty.
빠져나갈 구멍 말이야. 그건 내 전문분야거든.

*look for ~을 찾다

614

It's hard to say, exactly.
말하기는 힘들어요, 정확하게.

뭔가를 얘기하기 힘들 때 It's hard to say, exactly.처럼 얘기하고는 합니다. 의미는 '말하기가 힘들어요, 정확하게'입니다. 부사 exactly는 '정확하게'의 뜻이에요.

Josie How long was your *husband in the Shimmer?
남편이 쉬머에 얼마나 있던 거죠?

Lena It's hard to say, exactly.
말하기는 힘들어요, 정확하게.

*husband 남편

What's it look like I'm doing?
제가 뭐하고 있는 거 같아요?

자신이 하고 있는 것을 상대방이 궁금해서 물어올 때 What's it look like I'm doing?처럼 통명스럽게 말할 수 있어요. 의미는 '제가 뭐하고 있는 거 같아요?'입니다.

Max	Hey, Snowball, what are you doing?
	이봐, 스노볼, 뭐하고 있어?
Snowball	What's it look like I'm doing?
	내가 뭐하고 있는 거 같아?

Review Quiz

341 난 너무 순진해요.

I'm so _____.

342 저는 채식주의자예요.

I'm a _____.

343 저 자신도 수다쟁이예요.

I myself am a _____.

344 그건 제 전문이에요.

It's my _____.

345 제가 뭐하고 있는 거 같아요?

What's it _____ like I'm doing?

341 naive 342 vegetarian 343 talker 344 specialty 345 look